说法论道

刑辩笔记

侦辩对决的攻守之道

刘建民 ◎ 著

中国政法大学出版社

2018·北京

声　明　　1. 版权所有，侵权必究。
　　　　　2. 如有缺页、倒装问题，由出版社负责退换。

图书在版编目（CIP）数据

刑辩笔记/刘建民著.—北京：中国政法大学出版社，2018.7
ISBN 978-7-5620-8413-6

Ⅰ.①刑… Ⅱ.①刘… Ⅲ.①刑事诉讼－辩护－研究－中国
Ⅳ.①D925.210.4

中国版本图书馆CIP数据核字(2018)第176292号

出 版 者	中国政法大学出版社
地　　址	北京市海淀区西土城路25号
邮寄地址	北京100088 信箱8034分箱　邮编100088
网　　址	http://www.cuplpress.com（网络实名：中国政法大学出版社）
电　　话	010-58908586（编辑部）58908334（邮购部）
编辑邮箱	zhengfadch@126.com
承　　印	固安华明印业有限公司
开　　本	650mm×980mm　1/16
印　　张	14.5
字　　数	210千字
版　　次	2018年7月第1版
印　　次	2018年7月第1次印刷
定　　价	39.00元

谨以此书
献给肩负着反贪反渎重任的转隶干警！
献给为自由、平等、人权而战的律师同仁！
献给追求法治中国梦想的莘莘学子和善良人们！

题　记

（一）

任何人都有可能成为犯罪嫌疑人
任何人都有自行辩护和获得辩护的权利

（二）

打击犯罪，维护秩序，是侦查人员的职责
保障自由，捍卫人权，是辩护律师的使命
请相逢一笑，彼此尊重

侦辩如对决，阴阳互补，才是世间大美
法律大如天，是非分明，才有社会大同
请拱手示意，互道忠诚

侦查有术，不越法度，亦可攻势凌厉
辩护有道，不忘信念，方能步步为营
请恪尽职守，相互提醒

刑辩路险压力大，黄卷青灯，闻鸡鸣
只为人间正义在，负重忍辱，也前行
请善待律师，祝福苍生

序言 / 执着前行，成就精彩刑辩

刘仁文[1]

年前接到一个微信申请，说是我的学生刘建民，我接受后几番微信往来，才得知他硕士毕业于中国政法大学，我当年曾参加过他的硕士论文答辩。他这次联系我，是想请我给他的一本最新著作作序。说实话，由于彼此并不熟悉，加之自己手头工作较多，所以当时的第一反应是准备打退堂鼓。

但通过进一步的沟通，我觉得跟他很投缘。他说了邀请我作序的缘由，原来他这些年一直在关注我的学术观点和学术风格，甚至还能详细复述我本人都已经差点淡忘了的当年我介入"李庄案"二审的情形。这之后，他还不时发给我一些他写的散文随笔和书画赏析之类的文字，让我感到更与自己所倡导的"法律应与诗书通"的理念相通。

于是我让建民把书稿先寄给我看看。不几日就收到了他寄来的快递。书稿之外，还有一本他之前出版的大作《砾练：一位职业律师的30个感悟》（法律出版社2014年版）。翻阅后者，感到作者的执业经验丰富，而且善于思考。有点诧异的是，我看到书中作者简介的照片，居然还对建民有印象！

建民即将出版的这本书是一本办案笔记，讲述了一个他代理的从跨国追逃到无罪开释的案件的办案过程，从中归纳提炼出若干值

---

[1] 中国社会科学院法学研究所研究员、刑法研究室主任，博士生导师，中国社会科学院重点学科"刑法学"负责人。

得思考的法律政策问题，并对此阐述了自己的观点，有的见解很深刻、有独到之处。

本书讲述的是一起跌宕起伏的所谓"贪污案"。侦查部门以在办理玩忽职守案件中发现线索为由，以重大贪污案补充立案侦查，上网追逃，国际通缉，并冻结1亿元存款。贪污嫌疑人到案后，虽经47天羁押讯问，亦未能获取行贿及其他犯罪的口供。贪污认定存在常识性错误，提请逮捕未获批准。规劝诱导贪污嫌疑人主动交钱未果后，侦查部门将重点放在了对政府相关人员"玩忽职守罪"的侦查上，以期法院判令退赔，划拨巨款。但是，法院对政府工作人员玩忽职守案件，两起判处免予刑事处罚，一起判处缓刑。临近取保到期日，侦查部门终结了贪污案侦查，却以诈骗罪移送审查起诉。最终，国家高层关注，诈骗追诉被撤销。作为本案的承办律师，建民针对立案错误，谈法析理，娓娓道来；针对违法办案，直戳要害，坦诚告诫；针对渎职损失，深度研究，有理有据。其法律文书有广度，有深度，说理透彻，文采飞扬，体现了较高的法学和文学功力。

透过这起刑事辩护，我们也不难看到，面对有关办案人员对律师的不友好态度，建民具有值得赞赏的智慧和胆量。可以说，本书也是律师自保的经验之谈。

这是一本值得好好品味的作品。里面有侦辩对决的场景展示，有战术技巧的精彩运用，有对自由人权的执着追求，还有法理功力的综合比拼。掩卷沉思，更感律师在实现公平正义的法治事业中具有不可替代的作用。我早就说过，各种法律职业工作者没有高低贵贱之分，只有职业分工不同。缺少任何一个环节，或者其中哪一个环节薄弱了些，都不利于法治系统工程的良性运转。

值得指出的是，在国家监察体制改革的当下，本书对刑事侦查制度的思考也有积极的意义。作者曾告诉我，他写此书的目的就是要弘扬真善美，传达正能量，表达对人性美的崇敬，对法治理想的追求，对社会大同的期盼。诚哉斯言，信哉斯言！

我相信，随着国家对律师在法治建设中的作用的愈加重视，以及涌现出一大批像建民这样理性务实的律师，中国的法治生态一定会越来越好,"律师难、刑辩难"的局面一定会逐渐得到改观。我也由衷期待,中国的法律职业共同体早日形成,大家彼此尊重,共同为建设法治中国各司其职、各尽其责。

是为序。

刘仁文

2018年1月21日深夜于北京

CONTENTS

目 录

序言：执着前行，成就精彩刑辩（刘仁文）… 001

引子：祸起萧墙，改制十年案发… 001

01. 海外来电：我曾贪污？ … 003

公司法律顾问有两种功能。一是"预防"。即公司法律风险防控，法律顾问要从经营管理的细节入手，潜移默化地普及法制观念，铲除雷区，排除风险。二是"挽救"。当公司发生法律纠纷或涉嫌刑案时，法律顾问应当以执业律师身份出面，迅速展开维权。对于法律事件的咨询回复，应当准确、及时。涉及刑事辩护的法律服务要履行相关手续，授权明确。

02. 律师行动：维权辩护… 008

律师介入案件，应当合法合规。人情世故可以利用，但要师出有名。侦辩对决，风险巨大。不要给朋友惹麻烦，不要给自己留遗憾。在侦查阶段，由于侦查工作的秘密性，律师掌握的信息是很少的。不等不靠，要在进攻中寻求战机。对于案件中的常识性错误，要敢于提出不同意见。保守未得到尊重，适当的激进有可能获得理解和认同。

03. 山雨欲来：国际追捕 ... 015

  律师介入案件后，应当尽快接触侦查部门，最大限度地收集案件信息。立场角度不同，要尊重和理解侦查人员。要从其强硬和不友好的言行中，发现程序或实体上的疏忽和错误。对于明显的虚假立案，要敢于直戳要害，但要注意方式方法。材料要虔诚面交，点到为止。要在交流中做到真诚，在真诚中体现对抗，在对抗中充满善意。

04. 直面困境：投案陈述 ... 022

  辩护律师应当收集、提供有利于嫌疑人的材料和意见，全力维护当事人权益。对于劝返投案问题，律师没有协助义务，可以拒绝，但一定要向侦查部门声明，求得理解，避免节外生枝，祸从天降。暂时退出辩护，是一种策略。但可以法律顾问名义关注事态进展，评估案件走向，尊重当事人意见，尽力关切安抚。

05. 虎落平阳：监视居住 ... 024

  侦查是一门艺术，诱惑交易是方法和技巧。手段的非道德，不影响目的的合法正当，律师应当予以理解和宽容。非议和强硬，是不可取的。但可以将计就计，及时调整辩护思路，明确工作重点。刑事辩护因程序法定而具有阶段性，这种法定程序也是内部监督的需要，因此，批捕环节是侦查阶段律师辩护的重中之重，律师应当提前作出安排部署。

06. 夫人落泪：错在哪里？ ... 026

  指定居所监视居住措施对嫌疑人的身心是有巨大压力的，律师应当及时告知家属并提示风险。家属的关切是人之常情，听取家属意见可以全面了解相关情况，优化辩护思路。与家属见面，完善辩护手续，是必须要做的，有效的授权委托才能保证辩护的合法性。家属的述说和真情流露可以增强律师辩护的情感力量和信心。

目 录

07. 侦查发威：全面查处…028

嫌疑人到案后，侦查力度必然加大，人权保护便成为律师工作的重点。不间断的会见申请，可以让侦查部门感到律师监督的存在。适时的情况反映，可以有效防止强制措施的延期。侦辩双方的善意约谈，可以缓解对立情绪，最大限度地统一思想，把法律作为评判的唯一标准。当地党委政府领导的出面协调，可以让检察机关重新评估办案的社会效果。

08. 强制加码：收监羁押…031

对于国际通缉的贪污大案，指定居所监视居住到期后转入刑事拘留是必然的。常见的刑事侦查程序刚刚开始，拘留最长7天，逮捕审查最长10天，律师应当在批捕环节，凭借内设部门侦查监督之机实施依法阻击。侦查部门在此期间非法羁押人大代表的行为，为辩护律师提供了一个控告违法的绝好机会。律师文书的针对性，可以引起市检察院领导和侦监部门的关注。

09. 飞鸽授权：义无反顾…037

家属公开授权，表明了坚定的决心。对在押的嫌疑人来讲，是一种精神力量，要实事求是，相信法律。对辩护律师来讲，是一种信任和鼓励，应当不畏公权，顽强工作。对检察机关来讲，是一种无形的压力，可以促使其自觉审视侦查思路，客观评判案件的是非对错。

10. 侦监喊话：不予逮捕…040

律师应当全面收集案件信息，并通过会见嫌疑人核实信息。要相信侦监部门，并申请其当面听取意见。陈述意见要重点突出，有条有理，观点明确，有理有据。在陈述意见的同时，要报送书面材料。书面材料要格式规范，论证充分。要围绕犯罪构成要件逐项分析，语言要通俗易懂。对于专业性问题，要进行全面研究。对于批捕审查时可能出现的极端情况，要周全考虑，提前防范。

11. 规劝诱导：交钱照顾…055

不予逮捕，侦查部门必须变更强制措施。羁押措施对嫌疑人的身体和心理会造成巨大损伤，律师及时劝慰是必要的。律师应当与当事人全面交流，耐心听其述说。对于为期一年的取保候审，律师应当在全面了解事情经过后作出分析和预判。侦查部门不会轻易撤销案件，那会让他们颜面尽失。侦查部门委托的财务审计报告，成了责令退赔和其他人员渎职犯罪的主要依据，律师应当对此发表意见。

12. 斩断外援：律师被逐... 061

财务审计报告中退赔理由被律师否定。侦查部门另行提出的退赔理由，再次被律师论证否定。侦查部门连连受挫，会失去理智。风险预警后，要及时上报律所，作出评估和防范，组织的力量是强大的。退出辩护是理性选择，不要激进，不要对抗。在某些情况下，侦查部门会把脸面看得高于一切，而不是法律，这也是错案发生的重要原因。

13. 敲山震虎：深挖事故... 073

律师被驱逐，意味着侦查行为要脱轨了。为了给当事人加大退赔压力，侦查部门必然会加大力度。两起普通的煤矿事故被刑事追诉，曾被非法羁押的法定代表人重新履行了法定许可程序。律师力量虽然弱小，但要敢于亮剑，因为这个社会需要正义，被羁押人的唯一希望就是律师。市检察院检察长站得高，看得远，其"放人"的决定，是黑夜的一道亮光，是沉闷天际中的一声春雷。

14. 迂回包抄：渎职另诉... 082

侦查部门敲山震虎被重创后，策略有所改变，责令当事人退赔手段变得温和。律师应当综合各种信息，研判案件走向。对于其他渎职案件的审理，未经授权的律师是无法参与的。利益关联方介入刑事案件，应当等待时机，这也是我国刑事诉讼制度的不周延之处。侦查部门对相关嫌疑人自认口供的重视，必然会出现利益关联方的申辩机会，坚持就有希望。

15. 侦诉分歧：移交审判... 084

律师要善于抓住稍纵即逝的时机，主动申辩。尽管相关内容多次论及，但

目 录

律师还是应当集众人智慧，开展深度研究。事实是基础，专业最重要。公诉部门是严谨的，证据被逐一核查，相关问题也逐渐明朗、清晰，是否存在"盈利而增加的净资产"成了侦控双方唯一的分歧。当财务审计结论无法证明渎职损失，而不起诉又面临国家赔偿时，移交审判成了检察机关转嫁侦查风险的唯一途径。

16. 侦辩交易：侦查施压…097

本案贪污罪不成立已经成为共识，但侦查部门不会轻易撤案。通常来讲，他们会以继续侦查为由，让犯罪嫌疑人自认一些违法行为，或者通过施压相关单位出具材料，证明犯罪嫌疑人取得了不当利益。当犯罪嫌疑人自认违法或者自愿退赔后，侦查部门不仅消除了被控告的顾虑，而且证明了案件侦查的成效。这是司法体制中的顽疾，这方面律师很难有所作为。犯罪嫌疑人是否坚持无罪，相关单位能否顶住压力，只有天知道。

17. 压力升级：诈骗起诉…100

侦查部门让犯罪嫌疑人自认单位行贿，以此终结贪污案件的提议被拒绝后，面临极其难堪的局面。一则贪污罪的立案侦查错误将水落石出；二则47天人身自由的限制可能带来国家赔偿。实事求是地讲，侦查部门在这个时候如果能够及时纠错，极有可能被理解和谅解。但他们没有这样做，而是作出了一个更为可怕的决定：终结贪污罪侦查，按诈骗罪直接移送起诉！

18. 滥权惊天：高层震怒…110

侦查部门再次编造犯罪嫌疑人虚假"法人"身份，移送起诉其诈骗罪的严重违法行为，震惊了国家高层。朗朗乾坤，岂容法律滥用！国家最高法律监督机关发出案件督办令，河南省人民检察院专案组成立，个案监督、规范执法活动迅速展开。作为执业律师，到底应该替违法犯罪的司法人员惋惜，还是应该为招致牢狱的当事人庆幸？司法人员如此执着地错上加错的真正原因到底是什么？

19. 最后对决：再次施压 ... 115

　　控告是公民的基本权利。当侦查活动的合法性被督查时，侦查部门对待法律监督的正确态度应当是积极配合，深刻反省。通过收集控告人犯罪线索的方法，逼迫其撤回控告是不可取的。提讯其他在押人犯有严格的规定，侦查人员行使职权时必须程序正当。指控犯罪应当事实清楚，证据充分，恐吓和威胁未必能让人屈服。非法侦查行为充分暴露了侦查人员的主观恶性，必须得到及时制止。

20. 法纪森森：岂可宽恕 ... 119

　　司法活动中的反常规现象，对执业律师来讲，是能够一眼看穿的。法律标准并无二致，是非黑白一目了然。不要以定性争议为由推脱责任，那会亵渎法律，迷惑大众，害人害己。常识性错误有目共睹，非法目的不可饶恕。我们必须坚信：违法行为可以掩盖一时，但终究不能掩盖一世。风清气正的社会营造，不仅需要公民学法、守法，更需要司法人员洁身自好，摒弃私心，程序正当，执法公正。

21. 审渎职案：折中判处 ... 127

　　原政府领导被以玩忽职守犯罪向法院提起了公诉。构成玩忽职守罪取决于两个方面，一是有无玩忽职守的行为，这是指控和辩护的重点，对于"知道或应当知道职责是什么"，法官认定时主观性很强；二是有无重大损失，应当以有效的司法鉴定结论为依据，标准是客观的。本案中侦查部门委托审计的"经营净利润"和应当上缴的"盈利而增加的净资产"不是一个概念，有罪指控是难以成立的。缓刑判决，是折中的结果，人自由了，所谓"损失"也未责令退赔。

22. 沉冤昭雪：泪洒故土 ... 132

　　正义可以迟到，但不会缺席。律师应当走进当事人的内心深处，了解其心路历程和喜怒哀乐，因为牢狱之苦是需要精神抚慰的。一个善良宽厚的人，虽历经苦难，也会笑对人生。司法很强大，但人性很善良。律师不应仅仅就案办案，还应当对社会负起责任。假恶丑现象固然存在，但我们依然要追求真善美，期待雨后那一片绚丽的彩虹。人生的路很长，我们还要一路相伴，一路前行。

23. 律师感叹：公理犹在... 136

一次完整的刑事辩护，都是一次血与火的人生历练，一次刻骨铭心的身心涅槃。律师是弱小的，无奈、无助、夜不成眠；律师也是强大的，激流勇进，抱团取暖，激情、理想、自由、正义永远在心间。人生不长，岁月苦短，生活不易，唯愿平安。博取功名，人性使然，但应恪守规则，秉公执法，忠诚理性，心中有信念。

24. 法治春天：全靠制度... 139

渎职贪腐泛滥，民生怨，国不安。检察机关职责重要，使命艰巨，任重道远。规则法定，行为有度，方可除暴安良，惩罚犯罪，保障人权。司法者应当尊重法律、信仰法律、忠诚地执行法律，将公正作为终生的信念。公正！公正！公正！重要的话说三遍。在法律面前，有错必须及时纠正，休要讲个人的尊严和脸面。国家监察体制改革试点已全面推开，司法要改革，顽疾当清除，我们期待风和日丽，国泰民安。

延伸：俯瞰对决，刑辩法规要览... 145

附件一　侦辩全景展示... 145

　　侦控：杜鹏飞贪污、诈骗案件及其相关案件... 145

　　辩护：煤矿事务综合法律服务律师团队... 146

附件二　刑辩法规要览... 146

　　师出有名：《中华人民共和国刑事诉讼法》... 146

　　看家本领：《律师办理刑事案件规范》... 150

　　知己知彼：《人民检察院刑事诉讼规则》... 199

　　侦辩监督：《关于依法保障律师执业权利的规定》... 199

后记：刑辩有力，辩出人间正道... 204

再记：五十回首，俺这二十八年... 207

三记：死磕无妨，磕出法治中国... 210

致谢：点赞团队，祝福百姓平安... 213

引子：祸起萧墙，改制十年案发

豫北，太行山下。

2005年初春，冰雪消融，一派生机。

共城市人民政府顺应改革大势，积极招商引资改组国有吴村煤矿。经过与中铝、香江、巨龙三家公司的反复磋商和认真考察，最终选定深圳巨龙集团公司作为煤矿改组主体。

谈判是艰难的。双方各事其主，据理力争，整整持续了9个月。

2006年1月26日，腊月二十八，百泉宾馆二楼会议室灯火通明，烟雾缭绕。凌晨4点，一锤定音。

春节过后，双方派员进驻煤矿交接财务，办理资产过户。

4月29日，新公司龙田煤业公司正式注册成立。

在随后的四年时间里，龙田煤业不负众望，累计投入资金8亿元进行技改和扩能，终于赢来了产能释放和效益提升。2010~2013年，连续三年纳税过亿，成为当地的纳税大户。2014年以后，虽然随着国家政策调整和市场变化，煤炭价格一路下滑，但龙田煤业增收节支，管理有序，一直保持着不亏损的记录。1600多名煤矿职工团结奋进，幸福祥和，对未来充满信心。

"吴村煤矿改制是当时地方国企改革的典范"，这是后任历届政府的评价。

就在龙田煤业筹备公司十年庆典的时候，据悉是一封离职职工的举报信，引发了地动山摇，晴天霹雳：老板是贪污犯！逃到国外去了！一时间，人心惶恐，人人自危。

危机时刻，深圳巨龙集团法律事务部和律师团队迅速行动起来，开展了一场艰难的维权辩护活动。

海外来电：我曾贪污？

> 律师悄悄话：公司法律顾问有两种功能。一是"预防"。即公司法律风险防控，法律顾问要从经营管理的细节入手，潜移默化地普及法制观念，铲除雷区，排除风险。二是"挽救"。当公司发生法律纠纷或涉嫌刑案时，法律顾问应当以执业律师身份出面，迅速展开维权。对于法律事件的咨询回复，应当准确、及时。涉及刑事辩护的法律服务要履行相关手续，授权明确。

2015年9月15日上午8时许，北京玉泉路住所。正在整理案卷时，我的手机铃声响了。

"我是杜鹏飞，现在美国，听说我被追逃了。"

杜鹏飞，深圳市巨龙实业集团有限公司董事长，原法定代表人，籍贯河南辉县。曾在1979年对越自卫反击战中担任一线部队基层指挥员，凯旋归国后进入南京政治学院深造。1985年放弃转业安置，投身商海。1992年携妻女从北京迁居深圳创业，目前，巨龙集团已成为集房地产开发、建筑施工、物业管理、经纪咨询、能源开采、酒店经营于一体的大型企业集团，总资产超百亿，在美国、澳大利亚、新西兰也有项目投资。2005年接受政府招商邀请，出资收购并改组吴村煤矿。杜鹏飞精于商道，为人和善，二十年来累计捐赠上亿元。

电话中，杜鹏飞的语气非常急促。我安慰他，让他慢慢讲。

原来，他在前几天准备回国时，听说自己是在逃人员。

我问他涉嫌的罪名和办案机关，他告诉我："上面说是我2006年利用管理吴村煤矿的职务便利贪污公款3000余万元，办案人是Y县检察院的叶小春"。

"我没有公职，怎么会贪污呢？"

我是他的法律顾问，他当然可以向我咨询。我答应他，抓紧落实情况，尽快回复。

Y县检察院检察长是我的师弟，虔诚随和，业务精通，我们关系一向很好。我立即拨通了他的电话，问他们单位有没有叫叶小春的检察官，他说有。

"杜鹏飞涉嫌贪污的事儿，我能否了解一下情况？也可配合做做工作。"

他说："不太清楚，我问问吧。"

放下电话，我顿感疑虑。网络追逃是需要"一把手"签字的，他竟然说不知道。凭着多年的经验，我隐约感到这是一起大案，牵涉面广，可能是由市检察院直接办理的，抽调了基层检察院的人员，使用了基层检察院的手续。

法律顾问是执业律师的一项常规业务。其主要功能和作用是"预防"。就是从公司日常经营管理入手，潜移默化地普及法制观念和规范意识，防控法律风险。其次是"挽救"。当法律纠纷或刑案发生时，法律顾问要以执业律师身份出面，迅速展开维权。

养兵千日，用兵一时。一旦刑事案发，律师应当立即出手相助。

事不宜迟。我安排好近期工作，预定了下午的高铁票。

当晚11点30分，我约见了师弟，并且证明了我的判断。

为减少他的顾虑，避免上级领导的猜疑，我请求师弟直接向市检察院主管领导汇报，征询其是否同意我介入案件，为杜鹏飞辩护。一则可以与侦查人员公开接触，二则可以提供相关资料，帮助尽快查清事实。

师出同门，情谊永远，但办案是有纪律的。对于我的请求，师弟很赞同。

随即,我起草了《法律服务协议书》,发送给杜鹏飞。9月20日,杜鹏飞签字确认(附主要内容)后,连同《授权委托书》一并寄回国内。

法律服务协议书

甲方:杜鹏飞

乙方:北京市鑫诺律师事务所

甲方因原共城市吴村煤矿改制期间投资人权益以及被刑事调查事宜,特委托乙方提供法律服务。双方根据《中华人民共和国合同法》《中华人民共和国律师法》和有关法律法规规定,经友好协商,订立本合同。

第一条 服务范围

甲方同意,乙方指派刘建民律师为主办律师并担任甲方代理人,代为处理相关法律事务(包括非诉服务和诉讼服务),主办律师有权聘请相关专家、合作律师组建律师团队参与本项目的法律服务。

第二条 服务方式

乙方律师权限包括但不限于下列内容:

1. 代为调查、取证、起草、审查、签收有关法律文书。

2. 代为起诉、应诉、反诉。

3. 代为上诉、申诉、撤诉。

4. 代为承认、放弃、变更诉讼请求,参加调解或和解。

5. 代为申请执行、领取执行款、参加执行和解及处理执行过程中的有关事宜。

6. 代为向有关部门或新闻媒体反映情况。

7. 代为提出或处理与本案有关的其他请求或事宜。

8. 刑事辩护。

本合同所述权限,与甲方授权委托书载明的代理权限不一致的,以甲方签署的授权委托书为准。

第三条 乙方的义务

1. 遵守职业道德和纪律规范，勤勉尽责地完成委托事项。

2. 未经甲方同意，不得担任与甲方直接有法律上利益冲突的第三方的法律顾问或者代理人。

3. 对代理过程中获知的甲方秘密负有保密义务，非因法律法规规定或者经甲方同意，不得向任何第三方披露。

4. 为甲方业务单独建档，并保存工作记录，对相关的原始证据、法律文件和财物应当妥善保管。

5. 甲方对乙方律师的服务不满意并投诉的，乙方应当及时更换承办律师。

第四条 甲方的义务

1. 全面、客观、及时地向乙方律师介绍项目情况，提供各种相关的证据、文件等资料。

2. 对乙方律师提出明确、合理的要求，并对乙方律师的建议和工作自主判断，对甲方非因乙方故意或重大过失错误运用法律造成的损失，甲方自行承担。

3. 指定某某代表甲方向乙方律师传达甲方的指示和建议，提供、签署、签收有关证据、文件等资料，并对乙方律师的服务工作进行评价。

4. 按时、足额向乙方支付法律服务费和工作费用。

第五条 费用

1. 关于法律服务费，双方已充分考虑了以下因素：法律事务的难易程度；委托人的承受能力；律师耗费的工作时间及可能承担的风险和责任；律师的行业信誉和工作水平。根据北京市发改委、司法局颁发的《北京市律师服务收费管理实施办法（试行）》（2010年5月30日施行）的规定，参照《北京市律师诉讼代理服务收费政府指导价标准（试行）》的标准，双方就法律服务费达成如下一致：（略）。

2. 本条第1款所列法律服务费不含任何第三方所收取的费用（包括但不限于诉讼费、保全费、执行费、工商查询费、公证费、鉴定费、翻译费等费用）。

3. 本条第 1 款所列法律服务费不含北京市以外地区的差旅费。

4. 根据《律师法》等有关法律法规规定，律师个人不能私自接受委托或和收取费用。本合同约定的委托事项、收费金额等条款如有变化，双方应另行签订书面补充合同予以变更。甲方自行委托乙方律师个人办理本合同及补充合同以外的事项或支付其他任何费用的，与乙方无关，乙方不承担由此引起的任何责任。

第六条　违约责任

1. 除甲方委托的事项违反法律法规或规章规定，或甲方有捏造或者隐瞒重要事实、伪造证据等情形，致使乙方律师不能提供有效法律服务外，乙方无正当理由不提供法律服务的，或提供法律服务时由于故意或重大过失导致甲方蒙受损失的，甲方有权要求乙方承担违约责任，以退还部分或者全部已付的法律服务费为限。

2. 甲方无正当理由不支付法律顾问费及工作费用，或者无故终止合同的，乙方有权要求甲方承担违约责任，以支付未付的法律服务费、未报销的工作费用以及延期支付的利息为限。

第七条　其他

1. 双方确认，文首所载地址为双方的送达地址。如果一方提供的地址不确切，或不及时告知变更后的地址，使相关文书无法送达或未及时送达的，该方将自行承担由此可能产生的法律后果。

2. 甲乙双方如果发生争议，应当友好协商解决。协商不成的，任何一方均可以提请北京市律师协会调解，调解不成的，提交北京仲裁委员会仲裁。

3. 本合同经甲、乙双方签字或盖章后生效，正本一式四份，甲乙双方各执二份，具有同等法律效力。

　　双方签订《法律服务协议书》、委托人出具《授权委托书》，是律师介入案件的前提和基础。事关法律服务的合法性，马虎不得。

　　当时杜鹏飞在国外，未接受讯问，也未收到采取强制措施的法律文书，有关问题只是传言。因此，此时的法律服务只能是包括刑事辩护在内的综合法律服务。

律师行动：维权辩护

> 律师悄悄话：律师介入案件，应当合法合规。人情世故可以利用，但要师出有名。侦辩对决，风险巨大。不要给朋友惹麻烦，不要给自己留遗憾。在侦查阶段，由于侦查工作的秘密性，律师掌握的信息是很少的。不等不靠，要在进攻中寻求战机。对于案件中的常识性错误，要敢于提出不同意见。保守未必得到尊重，适当的激进有可能获得理解和认同。

不几日，师弟来电：市检察院主管反渎侦查的副检察长吕深秋同意我作为辩护人参与案件。我很感动，因为在犯罪嫌疑人到案之前介入案件，应该说是一种照顾。

吕深秋，曾就读于武汉大学法律系。我们同在一所城市求学，却未曾谋面。据说早年因追诉毒品大案立功受奖，加之天资聪颖，工作上进，历任两个基层检察院检察长后，提拔到市检察院任职。

9月24日，我欲面见吕深秋，了解一下案件情况。他在开会，短信回复：可直接找师弟谈案件。于是，我便开始了和办案单位的工作沟通。

在侦查阶段，法律虽然赋予了犯罪嫌疑人聘请律师辩护的权利，但由于侦查措施的秘密性，辩护律师能够掌握的信息很少，通常很难有所作为。

汇集多渠道了解的信息后，我们发现了两个反常规现象：一是反渎局办理了反贪案件，但未听说有同案犯和其他犯罪；二是听说他们得知杜鹏飞知道追逃一事后，责令内部追查泄密人员。

针对这些现象，我初步判断侦查部门采取了"声东击西"的打法。于是，"单刀直入"，就事说事，针对贪污立案的常识性错误，起草了《律师建议书》（附全文）。

律师建议书

Y县人民检察院：

受杜鹏飞先生的委托，现就其在原吴村煤矿改制期间的投资行为被刑事调查事宜，根据企业改制事实和相关法律规定，出具律师建议书。

一、受托背景

2015年5月至9月份，Y县人民检察院调取了共城市龙田煤业有限公司改制期间的财务账册，讯问了改制期间的相关人员，并就杜鹏飞先生涉嫌贪污展开调查。因杜鹏飞先生在国外从事商务，特委托本律师就相关问题进行调查了解，并要求本律师务必主动向检察机关代为陈述相关情况、提供相关资料，也可独立提供法律意见和建议。

二、证据及来源

1.《共城市吴村煤矿和煤化工项目协议书》，龙田煤业档案；

2. 2006年至2008年巨龙与龙田来往账目，巨龙集团档案；

3. 煤矿改制时收购方参与磋商、谈判、交接人员的陈述。

三、煤矿改制的时间节点

1. 2005年初，共城市人民政府通过招商引资方式，邀请深圳市巨龙实业集团有限公司参与煤化工项目和煤矿改组谈判。经多次商谈，确定了煤矿评估基准日为2005年4月30日。

2. 2006年1月26日，甲方共城市人民政府、吴村煤矿与乙方深圳市巨龙实业集团有限公司签订了煤矿改组和煤化工项目协议书。该协议书确定煤矿资产转让价款1.47亿元，巨龙为60%，煤矿职工

40%，职工募集不足 40% 的部分，由巨龙受让；价款支付采取出资购买，分次付清的方式；该协议自双方签字盖章后生效。

3. 2006 年 2 月 16 日，巨龙在共城市人民政府工作组的协调下进驻吴村煤矿，明确了煤矿负责人和财务负责人。

4. 2006 年 4 月 29 日，共城市龙田煤业有限公司经工商注册登记设立。

四、在煤矿改制中不应当存在收购主体（即非国家工作人员）贪污问题

1. 评估基准日 2005 年 4 月 30 日至巨龙进驻煤矿 2006 年 2 月 16 日期间，收购主体未经手管理煤矿资产，不存在贪污的可能。

2. 巨龙进驻煤矿 2006 年 2 月 16 日至工商登记 2006 年 4 月 29 日期间，由于煤矿改组协议书已生效，煤矿资产归收购方所有（巨龙和职工按约定股份共有），政府享有的不再是资产所有权，而是对转让价款的债权。因此，即使收购主体管理处分了煤矿资产，也不构成对国有资产的侵犯。

3. 煤矿改制的资产中包括两部分：一是吴村矿井资产，即生产矿井，但在评估基准日的前三天（2005 年 4 月 27 日），已被列入报废矿井，后经上报，在回撤设备过程中维持少量的煤炭生产。二是程村矿井资产，即基建矿井，完全没有生产能力，且需长期维护和投入。巨龙进驻后，财务账面上几乎为零，煤矿两块资产也不可能产生净收入，完全是靠巨龙集团公司的投入来维持。因此，收购主体没有占有煤矿资产的基础和可能。

五、可能引起歧义的两组概念及相关法律分析

1. 关于改组、改制、资产收购

所谓改组，是指对企业的改革和重组，立足于宏观层面，政府角度，不是法律概念；所谓改制，是指对企业所有制形式的改变，内容较为宽泛，如企业出售、管理层收购、员工持股、股权转让等等，司法解释中作为一个法律概念提出。

不管是改组，还是改制，改变企业所有制形式均是通过资产收购（含股权转让）的途径来实现。吴村煤矿改组，就是收购主体

（巨龙和职工）出资购买煤矿净资产，借此行使管理权，政府则取得转让价款，退出国有资产管理权。资产收购协议生效后，收购方对资产享有所有权，政府对转让价款享有债权。

2. 关于改组过渡期、共同管理权

在政府主导的企业改制中，有时会明确"改组过渡期"概念，以此表明政府对改制工作完整性的重视。因为只有新公司注册登记成立了，整个改制工作才算全部完成。

煤矿改组协议中关于"改组过渡期共同行使管理权"的约定，是为了保证及时履行新公司注册登记这一法定程序做出的警示性措施。就是说，如果没有履行法定登记程序，设定政府是存在所有者权益的，是可以追究的；履行了法定登记程序，共同管理权就不存在了。这是英美法系国家公司并购合同范本中常见的表述，注重程序公正，但表述晦涩难懂。

事实上，这种"共同行使管理权"的约定，在我国是没有法律依据的。政府在享有债权的同时仍被赋予资产管理权，对收购方是不公的，也违反了民商事法律中"管理权基于物权而产生"的基本原则。因此，煤矿改组协议生效后，巨龙进驻煤矿，因协议约定其支付转让价款而取得了煤矿资产所有权，政府也因享有对转让价款的债权而失去了对国有资产的管理权，收购方对煤矿资产及其收益进行独立的管理处分是符合法律规定的。这种"磋商—协议—交接—注册"的流程才是我国国有企业改制中通行的做法。

另需说明的是，该改组协议中套用英美法系国家公司并购合同文本的地方，不止一处。如第三条："甲方同意乙方参股经营吴村煤矿和程村矿井，其股比构成为甲方持有15%的股份，乙方持有45%的股份，吴村煤矿职工持有40%的股份。自本协议生效之日起，甲方持有的15%股份即行转让给乙方，使乙方持有的股份达到60%，实现控股经营，国有资本全部退出。"这种"甲方（政府）持有15%的股份"的表述，同样是一种虚拟的设定，虽未违反我国法律规定，但故作深沉，毫无意义，且极易产生歧义。

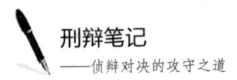

六、意见和建议

在吴村煤矿改组过程中,收购主体进驻管理时,改组协议书已生效,收购主体因支付对价享有了煤矿资产所有权,借此行使管理权是合情、合理、合法的。政府因对转让价款享有债权,而失去了对煤矿资产的所有权,收购方对煤矿资产的管理处分,不构成对国有资产的侵犯,没有贪污罪的法理基础。改组协议中"共同行使管理权"的表述,是为了促使尽快履行法定登记程序而套用其他格式合同文本的警示性措施,因与我国物权法基本理论相悖,不具有法律约束力。

对此,本律师认为,收购主体进驻煤矿后,煤矿资产所有权归属问题是贪污罪认定的关键事实,而改组协议生效后,收购主体因支付对价而享有煤矿资产所有权是毋庸置疑的,不可能因为合同文本中存在"共同管理"的约定而改变。因此,请求贵院慎重对待企业改制中贪污行为的认定,同时建议贵院依法撤销本案。

北京市鑫诺律师事务所律师　刘建民

二〇一五年九月二十日

9月28日,我到Y县检察院递交辩护手续,第一次接触案件承办人叶小春,提交了建议书。这位年轻的女检察官,讲话干净利索,行为干练老道。

她只是让我代收了一份查封证券账户的法律文书。据说是根据案件需要,侦查部门查封了杜鹏飞秘书的证券账户。由于杜鹏飞没有到案,叶小春几乎没有向我透露任何案件信息。

9月29日,市检察院反渎局通知我到办案基地。我赶到后才知道,他们想了解煤矿改组合同的签订情况。2005年国有吴村煤矿改制时,我曾是政府的谈判律师,但仅仅在谈判的前一天才看到了合同文本,第二天晚上参加了一夜谈判,签订了正式合同。对于之前和之后的事儿,我没有参与。不过,我还是把合同中的有关内容给他们解释了一下。他们关注的是"共同管理的约定""非政策剥离的依据"等问题。直到此时，我对他们贪污立案的事实才算有了一些初步了解。

从办案基地返回后，我联系侦查人员想在近期补充些材料，但他们手机未接。联系师弟，也未接电话。

通常情况下，侦辩双方一旦接触便意味着对决已公开，侦查部门会快速行动。是不是要实施抓捕行动？当时听说杜鹏飞已从美国返回澳门，澳门虽有独立的司法体系，但毕竟是我国享有主权的地区。为此，我顿感秋风萧瑟，寒气袭人，有一种不祥的预兆。

当晚，杜鹏飞打来电话。我告诉他，辩护手续已经递交了，见了案件承办人，请他保重身体，注意安全。

十一长假到了。在难得的休闲日子里，我陪妻女到西安游玩。一路欢歌一路行，人人满脸春色，一片艳阳晴天。

日子照样过，思考在心间。贪污罪是构不成的，一场"硬仗"就在眼前。

我综合各种信息，作出初步判断：这可能是一起假案！即以追逃的名义，迫使杜鹏飞到案，进而让其交代其他犯罪事实。其他案件可能涉及一定级别的领导干部，而市级检察机关对县（处）级以上领导干部涉嫌犯罪的侦查程序严格，尤其是在没有确凿证据的情况下，是不敢轻举妄动的。如果上述判断正确，那将是违法侦查。

11月5日，根据授权，我负责组建了煤矿事务综合法律服务律师团队，签订了《律师合作协议》（附主要内容）。

律师合作协议书

甲方：范玉顺律师、靳万保律师

乙方：刘建民律师

因原吴村煤矿改制期间的投资人权益保护和相关人员被刑事调查等事宜，杜鹏飞先生委托刘建民律师作为主办律师提供法律服务。由于杜鹏飞先生在国外从事商务活动，根据其授权，现双方就律师合作事宜达成如下协议：

一、甲方接受乙方邀请，同意参加上述项目的法律服务活动，同意与律师助理一起作为该项目律师服务团队的成员律师。

二、甲方愿意与乙方通过研讨会、电子邮件、电话、微信等途径进行沟通联系，全面分析证据，展开论证交流，并同意以联名方式向办案单位及其上级机关报送法律意见和建议。

三、甲方同意在该项目服务期间任何阶段，由乙方提议并经杜鹏飞先生书面授权后，成为该项目中相关人员的辩护律师或诉讼代理人。

四、双方就上述事项约定综合费用（略）。乙方在本协议签订后五日内支付给甲方，甲方收到上述费用后，针对约定事项开展工作。

五、甲方须履行所在律所规定的备案流程，确保律师服务的合法合规性。

六、本协议自签字确认后生效，合作律师各持一份。

我和范玉顺、靳万保为主办律师，各自的律师助理均为团队成员，巨龙集团派员参与团队工作，协调对外关系。

律师团提出了三点明确要求：一是主办律师必须履行各自律所规定的备案流程，确保法律服务合法合规；二是全体组成人员必须在法律许可范围内开展工作，对内虔诚大度，对外有礼有节；三是一线辩护律师要敢于直言，并做好被报复的"最坏"准备，通报律所，安抚家属。

"阻击战"正式打响。当然，事实和法律是武器。

山雨欲来：国际追捕

> 律师悄悄话：律师介入案件后，应当尽快接触侦查部门，最大限度地收集案件信息。立场角度不同，要尊重和理解侦查人员。要从其强硬和不友好的言行中，发现程序或实体上的疏忽和错误。对于明显的虚假立案，要敢于直戳要害，但要注意方式方法。材料要虔诚面交，点到为止。要在交流中做到真诚，在真诚中体现对抗，在对抗中充满善意。

介入案件后，我便主动与办案单位沟通，探讨并提出了不到案情况下的多种解决方案，如全面配合提供资料、通过视频方式讯问、采取讯问提纲书面答复等等。但侦查部门经过讨论分析后，认为均不可行。

12月21日，我面见了市检察院反渎局副局长周仲夏。

此人生性耿直，说话直来直去。

在说明身份和来意后，他予以理解。谈到案件时，我认为，贪污证据明显不足，立案是不妥的。他的意思倒也清楚明了："对于这个案子，有两种情况，一是到案后如果构成犯罪，他进去；二是到案后如果构不成犯罪，我们错案受追究。"言语中，他很坚定。

我提出，能不能考虑第三种情况，即不到案，先了解。如果贪污犯罪证据确凿，劝他立即归案；如果贪污犯罪证据不足，直接撤

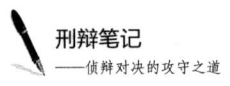

销案件。

他说道:"不到案绝对不行!"随后,他也表示,他理解辩护律师的难处,不一定愿意做劝返工作,但他们会采取有效措施将杜鹏飞缉拿归案。

12月25日,师弟来电,表达了和市检察院反渎局一样的意见:杜鹏飞应当到案,说明情况后可以办理取保候审。如果长期不到案,是有风险的。对此,我很理解。

12月26日,郑州,律师团会议。会议研究认为,本案贪污立案存在常识性错误和违法办案嫌疑,应当直抒胸臆,直戳要害,以此试探侦查人员的态度,摸清侦查办案的方向。于是,联名签署了《法律意见书》(附主要内容)。

法律意见书

受杜鹏飞先生的委托,现就其在原河南省共城市吴村煤矿改制期间的投资行为被刑事调查,以及投资企业的权益保护事宜,根据企业改制事实和相关法律规定,出具法律意见书。

一、受托背景

2015年5月份,河南省Y县人民检察院调取了原共城市吴村煤矿改制期间的财务账册,询问了改制期间的相关人员,并对投资人深圳市巨龙实业集团有限公司原法定代表人杜鹏飞展开调查。因杜鹏飞未在国内,特委托法律顾问刘建民律师就相关问题进行了解,并要求顾问律师主动向检察机关代为陈述相关情况、提供相关资料,并独立提供法律意见和建议。

经了解,6月下旬,Y县人民检察院对杜鹏飞涉嫌贪污立案侦查,该案由河南省W市人民检察院反渎局指挥侦办。9月中旬,Y县人民检察院对杜鹏飞刑事拘留,并实施上网追逃措施。基本案情为:2006年杜鹏飞利用管理吴村煤矿的职务便利,贪污公款3000余万元。

9月22日,顾问律师向Y县人民检察院提交《律师建议书》。在律师建议书中,顾问律师陈述了企业改制的基本事实,分析了涉案的相关法理，同时提出了撤销案件的建议。县市两级检察院的回复是：犯罪嫌疑人必须到案，接受讯问，才能判断其是否构成贪污罪，决定是否撤销案件。

在这种情况下，顾问律师根据授权，立即召集组成了煤矿事务综合法律服务律师团队，拜访了国内知名法学专家，咨询了相关资深法官和检察官，对该案立案侦查的合法性问题展开研究论证。

二、相关证据（略）

三、当事人情况和煤矿改制期间的四个主要时间节点（略）

四、法律分析

（一）本案存在常识性错误，而非争议，不符合贪污罪的刑事立案条件

1. 在无共犯的情况下，作为民营投资企业的原法定代表人杜鹏飞不具备贪污罪的主体资格

贪污罪作为自然人犯罪，在主体方面，必须是从事公务的人员或者受委托从事公务的人员。

本案中，杜鹏飞系民营投资企业的原法定代表人，不具有公职身份，不属于从事公务的人员。在企业改制过程中，虽然存在资产交接后民营投资企业派员进驻管理的事实，但杜鹏飞本人作为原法定代表人未直接经管煤矿资产，该投资企业的管理职权基于收购对价后煤矿资产所有权变更而取得，不是基于政府的委托授权。自始至终，杜鹏飞本人都没有也不可能被政府授权进行管理。政府因协议取得收购对价而失去煤矿资产所有权，已无委托管理的职权。且本案中没有实施贪污的共同犯罪人，认定不具备主体资格的杜鹏飞单独构成贪污罪，显属案件认定中的低级错误。

综上，杜鹏飞因不是从事公务的人员，也不是受委托从事公务的人员，不具备独立贪污犯罪的主体资格。

2. 改制资产交接后，该资产性质已非国有，本案不存在贪污罪的犯罪客体

贪污罪侵害的是公共财物所有权。

本案中，改制协议签订后的煤矿资产交接，标志着该资产所有

权主体变更。所有权主体变更的依据是改组协议中的收购款对价，协议生效后，收购主体因约定支付收购款而取得煤矿资产所有权，政府因协议取得收购款而转让煤矿资产所有权，国有资产退出。民营投资企业进驻后管理的对象是因约定支付收购款而取得的煤矿资产。该资产系出资购买所得，不再具有国有成分。

综上，改制资产交接后，所有权主体发生变更，所有权性质发生改变，煤矿资产已不再是国有资产。显然，该资产不是贪污罪的犯罪客体。

3. **改制企业完成注册登记之前，民营投资企业只有巨额资金注入，却无投入回报，原法定代表人杜鹏飞没有非法占有的客观事实**

在贪污罪中，行为人应当具有侵吞、窃取、骗取或者其他手段非法侵占公共财物的事实。

本案中，自民营投资企业接管煤矿资产之日起到新公司成立之日止，短短两个多月时间内（注：2006年2月16日至4月29日），财务账目显示，投资人深圳巨龙实业集团有限公司及其指定公司对煤矿进行了巨额投资，却未取得投资回报，杜鹏飞本人也没有占有分文煤矿资产。对此，办案单位没有也不可能取得杜鹏飞非法占有公共财物的任何证据。

显然，杜鹏飞非法占有公共财产的客观事实是不存在的。

（二）本案存在重大违法办案的嫌疑

1. **先立案，后取证**

刑事侦查涉及公民的人权保护，是一项严肃的司法活动。为此，国家法律对刑事立案条件作出了严格规定。尤其是刑事拘留措施，应当慎之又慎。事实清楚，证据充分，符合犯罪的构成要件是启动刑事侦查程序、确定犯罪嫌疑人的基本要求。

本案中，贪污罪主体、客体、客观方面存在显而易见、毋庸置疑的问题，办案单位却在未询问犯罪嫌疑人的情况下，直接立案侦查并作出刑事拘留决定，继而网上追逃。面对质疑，又以"犯罪嫌疑人必须到案，接受询问，才能判断其是否构成贪污罪"为由，继续刑事追诉程序。这种"立案时无需见人,撤案时必须见人"的解释存在一个重大问题,那就是,究竟是应当先有证据才立案?还是立案后再收集证据?

综上,重证据、不轻信口供,是办理贪污案件的基本原则。本案办案单位要求犯罪嫌疑人必须到案,接受讯问,表明了一个问题:本案立案侦查并决定刑事拘留是缺乏基本条件的,存在违法侦查的嫌疑。

2. 以非法侦查的方式获取其他犯罪证据

侦查是刑事诉讼的重要阶段,侦查措施秘密性是为了保证刑事打击的准确有效,这是侦查机关的特有权力。但是,侦查措施必须在依法立案后方可实施。也就是说,立案条件的完备是侦查措施正当合法的前提。不符合立案条件的任何侦查行为,构成侦查权的滥用,都是违法的。

本案中,侦查机关以侦查措施的秘密性为由要求犯罪嫌疑人必须亲自到案,接受讯问,并将案件定性中的常识性错误解释为案件争议,在法制已经得到普及的今天,这是难以让人信服的。侦查并不神秘,仅仅是执法者的一种工作权力。把常识性错误解释为案件争议,一则可能是掩盖该案立案条件不具备的事实;二则可能是通过本案获取其他案件的证据线索,毕竟市检察院反渎局指挥贪污案侦办不是正常的现象,容易让人产生违法侦查的联想。这样的后果是极其可怕的,因为倘若如此,任何人都有可能在没有证据的情况下被刑事追诉。

把没有同案犯的女子定性为强奸犯进行追捕,即使取得了她的其他犯罪证据,在英美法治国家,这叫"毒树之果",该证据也归为无效,相关人员还要被法办。当前,我国刑事证据规则已日益规范健全,司法实践中非法证据排除也被广泛采用,因此侦查活动应当依法审慎开展。侦查工作固然需要激情和激进,但不需要冒险,更不能急功近利式的赌博。司法人员应当成为守法的典范,"宁可漏网,但不可错捕错杀"。"漏网"可以通过立法来避免,司法只能依法行事,不能超越法度。

五、结论性意见

本案立案决定错误，相关侦查措施不当，是显而易见的。律师团律师希望办案单位能够及时自纠，也期望检察院领导能够重视律师意见，敦促办案单位尽快撤销案件及相关侦查措施，最大限度地消除影响，共同营造自由、平等、公正、法治的社会环境。

六、特别声明

（1）人权保障、私权保护是律师的工作职责。通过合法途径，采取合法手段，保护委托人的人身权利和自由，实现委托人利益最大化，是律师的理想和追求。执业律师应当理解人民检察官依法惩治犯罪的使命和责任，尊重并认可人民检察官合法的侦查行为。但对于双方工作中的失误、错误和违法之处，应当相互监督，善意提醒，闻过则喜，及时纠正。

（2）本法律意见书仅供委托人参考，可由顾问律师作为附件材料，向办案单位、上级检察机关以及刑事程序中相关政法机关提供。未经律师团律师允许，不得向第三人出示，不得作为任何证据使用，亦不得向任何国内外媒体透露该内容。

北京市鑫诺律师事务所　合伙人律师：刘建民
河南豫都律师事务所　合伙人律师：范玉顺
河南奕信律师事务所　合伙人律师：靳万保
二〇一五年十二月二十六日

为避免影响扩大，最大限度地减少对立情绪，我们仅呈送了办案单位，但未见回音。

正面沟通无效后，我多次往返于北京、郑州等地，寻求新的解决办法。虽然多数人认为贪污证据明显不足，国际通缉的请求不会被通过，但我还是有一种不祥的预感，深感不安。

2016年1月11日，我突然接到集团总部的指示："近期不要行动了，听听情况再说。"随后，集团领导态度愈加严厉，对我直言劝阻："律师工作必须无条件停止，将通过其他方式解决问题。"

我惊愕不已，这是没有想到的。

律师辩护和其他解决问题途径不会冲突，为什么要停止辩护呢？

辩护基于委托，律师无权过问，我只有服从。但我还是建议其他律师团律师要以委托人利益为重，可以单独行动，做好基础性工作。

1月21日，我再次约见了师弟。对他讲，市检察院反渎局意见很明确了，但我无法做杜鹏飞的劝返工作，我本人愿意暂时退出辩护，待杜鹏飞到案后再履行辩护职责，请转告案件承办人和相关领导。

1月29日，我到深圳向集团总部作了前期工作汇报，并电告北京律所：在犯罪嫌疑人到案前，我不再参与辩护。

侦查没有停止，据说红色通缉令发到了大洋彼岸。

直面困境：投案陈述

> 律师悄悄话：辩护律师应当收集、提供有利于嫌疑人的材料和意见，全力维护当事人权益。对于劝返投案问题，律师没有协助义务，可以拒绝，但一定要向侦查部门声明，求得理解，避免节外生枝，祸从天降。暂时退出辩护，是一种策略。但可以法律顾问名义关注事态进展，评估案件走向，尊重当事人意见，尽力关切安抚。

既然我暂时退出了案件辩护，便不能与杜鹏飞主动沟通，也不再与侦查部门主动联系，认真遵守律师执业规范。

作为巨龙集团的常年法律顾问，我会忠诚地服务于集团公司，竭力维护公司利益。集团领导的来访，我自然热情接待；集团法务的咨询，我依然全力而为。

从他们咨询和反馈的情况来看，侦查力度在加大，侦查范围在拓宽。

听说龙田煤业被税务稽查。

听说山东分公司被调查。

听说集团所在地税务机关和相关人员被调查。

听说杜鹏飞的妹妹被立案。

听说杜鹏飞的侄儿被立案。

听说公司领导的电话被监听。

听说政府多名老领导被调查。

……

一时间，风声鹤唳，草木皆兵。

3月初的一天晚上11点钟，刺耳的手机铃声打破了黑夜沉寂。我知道，是杜鹏飞打来的。

他说："不能因为我而牵连家人，我没有什么事儿，请相信我，所以准备回国。"我曾在司法机关工作多年，清楚地知道我们的国家有足够的威力，给涉案人员造成精神压力。

他还说："因为这件事儿，给你增添了不少麻烦。"

我劝慰他："有什么呀？我跟他们说过，我不会做您的劝返工作，回不回来由您自己决定。"

他说："我决定了，一定要回国。回国前，我再联系你。"

我劝其照顾好自己。但在其回国前，杜鹏飞再也没有联系过我。

挂断电话，我在想，给我增添了什么麻烦？一定是侦查人员说了什么。

4月7日，靳万保律师电话约我见一面，并说杜鹏飞可能要回国了。我赶到约定地点后，才知道他要给杜鹏飞算上一卦，预测一下凶吉。

善良的兄弟呀，不信法律信卦象。还好，这一点挺像我。这么多年来，每逢大事儿，我总要算上一卦，问问吉凶。我不认为这有什么不好，反倒觉得有一定的道理。吉，则提振信心，鼓舞斗志；凶，则要提前防范，早作准备。

哈哈，恭敬不如从命。

三个铜钱落地：观天象、看旺衰、定成败；察六卦、看过程、定迟速。

一番解析，豁然开朗：大吉！

4月8日，我到深圳办理集团法律事务。临行前，专门带上了护照和通行证，期望在杜鹏飞回国前的任何一个地方见上一面。

但杜鹏飞始终没有联系我，我也不知道他身在何方。

虎落平阳：监视居住

> 律师悄悄话：侦查是一门艺术，诱惑交易是方法和技巧。手段的非道德，不影响目的的合法正当，律师应当予以理解和宽容。非议和强硬是不可取的。但可以将计就计，及时调整辩护思路，明确工作重点。刑事辩护因程序法定而具有阶段性，这种法定程序也是内部监督的需要。因此，批捕环节是侦查阶段律师辩护的重中之重，律师应当提前作出安排部署。

4月18日早晨7点，集团公司翟总来电。

我一向生活不规律，熟悉我的人是不会在这个时间打电话的。翟总打来电话，肯定是急事。

"能不能见个面？"

我说："我在河南，已从深圳回来了。"

"我也在河南，就在你家小区门口。"

我匆忙下楼。见面得知，杜鹏飞已于4月16日返回国内投案，市检察院原来说是问个材料就让回去的。可现在两天了，也不让回来，说要监视居住。

"回来了？我怎么不知道？"我很惊讶。

"他们不让跟你说。"

"离间计！"逼我退出，诱骗归国。太高明了！

我明白了。集团总部让我停止辩护活动，肯定是因为有人出面劝返，以获得保释。

太幼稚了！国际追逃的贪污大案怎么会符合保释的条件？

指定居所监视居住是刑事诉讼法修改后的一种非常严厉的强制措施。主要适用于重大贪污、贿赂案件。基层办案单位有15天的权限，市级检察机关可批准延长15天，再延期的需要上报省级检察机关，最长期限是6个月。短时间内，杜鹏飞出来是绝不可能的。

既然这样了，只有这样了。

我电话联系靳万保律师约定晚上见面后，决定将计就计，单线联系翟总。翟总听后表示明白了。

晚上，靳万保律师谈了杜鹏飞回国的过程。他说，杜鹏飞执意回国，要主动说明情况，他是遵照安排陪同回来的。到达郑州新郑机场时，他就觉得事情变得复杂了。杜鹏飞是主动投案的，有必要警笛声声，劳师动众吗？

事已至此，我提出了四点看法：一是尽快通知家属，指定居所监视居住是有风险的，应当让家属知道情况；二是继续保持原有渠道沟通，了解侦查部门的动态；三是立即开展律师辩护工作，抓紧提出取保候审申请，同时申请会见，要让侦查部门认识到辩护律师一直在跟踪监督；四是律师工作方向要低调保密，只向翟总汇报，重点放在批捕环节。

靳万保律师点头认可。

夫人落泪：错在哪里？

> 律师悄悄话：指定居所监视居住措施对嫌疑人的身心是有巨大压力的，律师应当及时告知家属并提示风险。家属的关切是人之常情，听取家属意见可以全面了解相关情况，优化辩护思路。与家属见面，完善辩护手续，是必须要做的，有效的授权委托才能保证辩护的合法性。家属的述说和真情流露可以增强律师辩护的情感力量和信心。

在杜鹏飞被指定居所监视居住的消息被报告集团总部后，总部回电：夫人近日到河南。

4月22日下午5时许，开元名都大酒店。

夫人在外甥女的陪同下赶来了！虽然一路风尘，面带忧伤，但格调优雅，谈吐得体。

夫人也曾身在军旅，曾任成都军区总部机要员。1979年对越自卫反击战时，指挥前移，协同作战，是一位荣立战功的飒爽女军人。高挑的身姿、标准的京腔、缜密的思维、大度的言行，展示出了独特魅力和高贵气质。部队转业后，教书育人。后辞职南下深圳，相夫教子，夫唱妇随，创办了庞大的巨龙基业。

稍作休整后，夫人听取了各方面的汇报。

她说："在杜总危难时刻，你们义无反顾，挺身而出。你们的辛劳，我和杜总会永远铭记在心，谢谢你们！"

在分析案件时，她指出："要摸清真正原因，有针对性地开展工作。"

谈到杜鹏飞，她心生怨气："在这个地方，他不是老大，不是他的地盘，不是他的主场。高傲自大是迟早要吃亏的。"

夫妻之间，哪个不是苦口婆心，心存善意？危难之时，哪个不是自我谴责，心生悔意？我理解。

我们劝慰她时，她颇为伤感，眼角湿润："年近六十了，上有父老，下有孩子，谁不愿享受天伦，什么事情竟然招致牢狱？"

她疑虑重重，无法释怀。

她鼓励我们："杜总是个好人。我的先生，我最清楚。我们都是军人，他把名誉看得高于一切，远远超过生命。他很清楚，如果怂了，他将无颜面对所有人，也不配做这百亿资产的当家人。"

在委托书上签字后，她强调："我们夫妇历来依法经营，尊重法律。在这件事儿的处理上，更要合法合规。千万不要节外生枝，乱了大局，也请各位注意安全，多加小心。"

第二天上午，我去送夫人。她说她要到北京娘家一趟，看看老母亲，然后到美国陪陪姑娘，我感到了她的无助和凄凉。我同意，并一再安慰她。

高铁站安检门口。"拜托了！你可以直接联系我，我会按你的要求签字的。告诉杜鹏飞，让他保重，我会等他回来！"我明白，为了拯救丈夫，她可以舍弃一切。

低头拭泪，昂首前行，走了。这是一个坚强的女人！

返途，泪流。

07 侦查发威：全面查处

> 律师悄悄话：嫌疑人到案后，侦查力度必然加大，人权保护便成了律师工作的重点。不间断的会见申请，可以让侦查部门感到律师监督的存在。适时的情况反映，可以有效防止强制措施的延期。侦辩双方的善意约谈，可以缓解对立情绪，最大限度地统一思想，把法律作为评判的唯一标准。当地党委政府领导的出面协调，可以让检察机关重新评估办案的社会效果。

杜鹏飞投案当日即被限制了人身自由，该强制措施叫作指定居所监视居住。地点在市检察院办案基地，人称"槐树林"，是一个听后让人毛骨悚然的地方。

杜鹏飞被控制后，侦查部门多路出击，收集证据，传唤人员。

听说煤矿改制时的财政局国资人员被传唤。

听说煤矿改制时的工业局领导被传唤。

听说煤矿改制时的主管副市长被传唤。

听说煤矿改制时的市长被调查。

煤矿改制时巨龙集团的参与人员被调查。

龙田煤业的前任高管被调查。

龙田煤业的现任高管被调查。

龙田煤业的财务人员被调查。

07. 侦查发威：全面查处

巨龙集团公司的1亿元银行存款被冻结。

巨龙集团河南汽配公司账册被查封。

……………

面对危局，律师团律师拟定了工作方案，期望减缓事态恶化的速度，以时间换空间。一是向当地市委政府反映情况，寻求领导支持；二是通过各种途径说服侦查部门及相关领导，善待当事人，依法办案；三是及时提交取保申请、会见申请，同时收集信息，向市检察院主要领导痛陈违法办案事实，请求侦查监督；四是列举违法事实，请求上级监督，阻止省院作出监视居住延期的批复。

一个月内，律师团律师发挥各自优势，全力开展工作，效果是明显的。

据悉，侦查部门内部会议要求：律师盯得很紧，一定要文明办案、依法办案。

另悉，市检察院主要领导看到法律监督意见书后，高度关切，亲自过问了案件。

市委书记、市长在得知原政府工作人员和企业高管被调查的消息后，及时中止了工作例会，亲自出面到司法机关协调。

社会各界知名人士纷纷伸出援助之手，出主意想办法，关注案件进展。

会见申请获批，辩护律师在指定居所监视居住期间两次会见了杜鹏飞，给了一些精神上的安慰。

侦查部门虽然对杜鹏飞实施了为期一个月的监视居住，但在期限届满之前没有报请省院延期，消除了亲属朋友对其身体状况的担忧。

值得一提的是，在此期间的5月9日，我接到市检察院反渎局的通知赶到办案基地，侦查人员再次向我了解煤矿改制中"非政策剥离资产"问题。从谈话中可以看出，他们对于采矿权价款和采矿权评估价值专业问题、煤矿改制的政府招商引资背景、民刑交叉的法律适用问题等，根本没有理解透彻。

本来，我是想申请亲自会见杜鹏飞的，侦查部门却突然通知我调查、了解情况，不谈会见问题。究竟是阻止我的会见，还是真的想了解情况，我至今仍不得其解。但有一点是明确的：这一次的谈话，让我进一步确信，贪污立案是不妥的。

不谦虚地讲，我是一个善于察言观色、见缝插针的人，侦查部门是不应该给我这种机会的。否则，我的辩护材料就不会针对性极强，刀刀见血。

当晚7时许，我通过朋友约见了吕深秋副检察长。

寒暄过后，自然谈起杜鹏飞的案子。

他说："他有一个很好的律师团队。"言外之意，可惜还是被他们逮到了。

我立刻想到了他的"离间计"，便说："可惜呀，有一段时间我没有参与。"弦外之音是，如果我在，现在的情况不可能发生。

他能感觉到。会意地笑了一笑。

我岔开话题："事实上，他的管理团队才厉害呢。那么大的资产规模，他是个好人。"

他点头称是。

见面气氛是友好的。他认可我的"相互监督，点到为止"观点，为此我很感激。

与高手对决，是一种快乐，更是一种缘分。

事后，我多次要求会见杜鹏飞被拒，而且听到了"除了老刘，谁都可以会见"的话语。但我一直认为，这是对我最大的敬重。

强制加码：收监羁押

> 律师悄悄话：对于国际通缉大案，指定居所监视居住到期后转入刑事拘留是必然的。常见的刑事侦查程序刚刚开始，拘留最长7天，逮捕审查最长10天，律师应当在批捕环节，凭借内设部门侦查监督之机实施依法阻击。侦查部门在此期间非法羁押人大代表的行为，为辩护律师提供了一个控告违法的绝好机会。律师文书的针对性，可以引起市检察院领导和侦监部门的关注。

5月17日，这是杜鹏飞被监视居住一个月的最后一天。

山东青岛。中午时分，我电话问情况，答复：已跟市检察院说好了，今天办理取保手续。

晚上11点30分，我从郑州机场回到家里，电话铃响了。

取保候审的承诺再次成为云烟。杜鹏飞被刑事拘留，关押于F县看守所。

次日上午，律师团召开会议部署工作。

一是案件已进入刑事程序，律师要全面介入，开展辩护工作；二是刑事拘留最长7天，逮捕审查最长10天，在批捕环节要实施依法阻击；三是在刑事拘留期间要不间断地申请会见，听取陈述；四是提请逮捕审查后要及时提出听取律师意见的申请，报送书面材料；

五是全方位寻求各级领导支持。

5月19日，我联系办案单位，请求撤回我的辩护手续，正式退出案件辩护，由范玉顺律师接任前去会见。侦查部门以工作忙为由，建议推迟几天，致使范玉顺律师无法以辩护人身份介入，靳万保律师再次担当重任。

5月20日，侦查部门在对龙田煤业法定代表人侯某调查时，从其微信中意外发现了两起煤矿事故，便将其送交看守所羁押。后发现其系人大代表，随即释放。

机会终于出现了。

针对非法羁押人大代表和前期的多项违法侦查问题，律师团认为已经到了公开揭露的时候。5月22日，律师团律师联名签署了《法律监督意见书》（附全文），秘密呈送了市检察院主要领导、主管侦监的副检察长、侦监处长，请求侦查监督。

法律监督建议书

W市人民检察院：

现将杜鹏飞涉嫌贪污罪一案以及侦查活动出现的问题予以说明，希望贵院领导予以关注，并责成侦监部门全面了解案情，主动行使侦查监督权。

一、案件基本情况

2015年5月份，Y县人民检察院对原共城市吴村煤矿改制情况展开调查。调取了财务账册、询问了相关人员。

6月份，对投资人深圳市巨龙实业集团有限公司原法定代表人杜鹏飞以涉嫌贪污罪立案侦查。

9月份，对犯罪嫌疑人杜鹏飞采取刑事拘留措施，实施网上追逃。

2016年4月16日，犯罪嫌疑人杜鹏飞投案。

4月17日，对犯罪嫌疑人杜鹏飞采取指定居所监视居住措施15天。期限届满后，又延期15天。

5月17日，对犯罪嫌疑人杜鹏飞采取刑事拘留措施，羁押于F

县看守所。

需要特别说明的是：

（1）本案由 Y 县人民检察院反渎局侦办。

（2）犯罪嫌疑人投案后，Y 县人民检察院对改制后的共城市龙田煤业有限公司展开全面调查，几乎所有的公司高管（包括已离职的高管）和财务人员都被多次调查讯问。公司上下，人心惶惶，煤矿安全生产形势异常严峻。

二、侦查中存在的问题

1. 本案立案存在常识性错误，而非争议

犯罪嫌疑人杜鹏飞不具有贪污罪主体资格，既无公职身份，也无委托授权，且本案中没有其他国家工作人员与其构成共同犯罪；收购基于对价，管理的资产不具有国有属性；资产管控主体系公司而非个人，个人绝不可能占有公司资产；等等。这些客观事实，致使本案贪污罪认定存在常识性错误，无法服众。

2. 办案部门超越职能分工，反贪侦查权力存疑

Y 县人民检察院反渎局侦办贪污犯罪案件，显然已超越检察机关内设部门职能分工，致使本案侦查活动合法性存在重大疑问。

3. "指定居所监视居住"措施不当，有逼供、诱供嫌疑

本案以涉嫌贪污犯罪立案侦查，而非"特别重大贿赂犯罪"，犯罪嫌疑人杜鹏飞能够主动投案，且在 W 市有固定居所，直接采取指定居所监视居住措施，有悖刑事诉讼法规定和最高人民检察院、河南省人民检察院关于监视居住的办案要求，实属不妥。该措施到期后批准延期，有逼供、诱供嫌疑。

4. 侦查方法规避法律、违反法律，取得的证据无刑事证明力

（1）5 月 17 日 24 时，指定居所监视居住措施到期后，由于之前已连续讯问，如果采取刑事拘留，应当及时送交看守所羁押。而办案单位却在 18 日当天再次连续讯问超过 20 小时以上，直至 5 月 18 日 24 时前才送交羁押。形式上看，刑事拘留羁押前，连续讯问没有超过 24 小时，但刑事拘留羁押 24 小时前，犯罪嫌疑人杜鹏飞被限制人身自由的事实是客观存在的。这种侦查行为是在曲解立法本

意,实属违反法律规定。

(2) 5月17日刑事拘留通知书系检察机关原格式文本,具体信息均为手写,且羁押地点竟出现两处不同地点,上面是"Y县看守所",下面是"F县看守所","F县"的名称还是错别字。这种极为严肃的司法文书竟然出现了如此低级的错误,其侦查措施的合法性存在重大疑问。

(3) 在对与本案相关的龙田煤业公司法定代表人侯某调查时,对其连续讯问20多个小时后移交公安刑警,再次被连续讯问20多个小时后,才送交羁押。送交羁押后不到15分钟被释放。而在这一系列行为之前,办案单位明知被调查人侯某是共城市的人大代表。

三、目前办案效果的多维度分析

办理刑事案件应当实现法律效果和社会效果的统一,而社会效果取决于刑事案件的合法性、合理性以及普通人基于法律常识而对刑事司法行为的评价。因此,刑事立案合法、侦查措施正当是办理刑事案件的基本要求,它直接影响着社会大众对司法结论的评价。

在检察机关履职过程中,基于惩罚和指控职能,可以怀疑任何人,尤其是"富人"和"官员"存在原罪。但是,同样基于职责和使命,必须树立证据意识和程序正当观念,所有刑事司法行为应当符合法律规定。不当或非法行为获取的证据是无效的,也不会产生良好的办案效果。滥用权利比证据不足"放纵"罪犯的后果,更为严重,因为它破坏了现有的刑事追诉制度和规则。

本案涉嫌贪污犯罪,发生在2005年原共城市吴村煤矿改制期间,改制资料齐全,账目有据可查。书证、物证应当是本案的主要证据,而对公司历任高管进行多次调查讯问,与侦办贪污犯罪案件有多大关联性,值得高度关注。

由于煤矿生产有特定要求,"五职矿长"应当配备齐全,且在职在岗。目前,不定期、不间断的配合调查已无法满足安全生产要求,公司面临全面停产,1000余名煤矿职工人心浮动,不安定因素陡增。正在实施的塌陷区搬迁工作已全面停止,拆迁户情绪激烈,矛盾一触即发。

本案引发的煤矿改制案正在发酵,在当地的改制企业、招商引资企业中产生了较大反响,流言四起,社会各界议论纷纷。

四、意见和建议

本案贪污罪的立案侦查是错误的,侦查目的是存疑的,侦查措施是不当的,办案的社会效果应当重新评估。

(1)建议侦监部门提前介入本案,主动行使侦查监督权,全面审查侦查本案贪污犯罪活动中各项措施的合法性。

(2)建议侦监部门认真审查本案贪污犯罪的立案条件和相关证据,及时纠正违法不当行为,尽快恢复犯罪嫌疑人杜鹏飞的人身自由。

(3)建议侦监部门对本案涉及的其他犯罪证据线索进行全面审查判断,结合证据效力、追溯时效、社会效果等因素,及时纠正不当的侦查思路和方向,杜绝诱供、逼供现象。

五、律师声明

(1)本法律监督建议书的报送对象是W市人民检察院检察长、分管侦监工作的副检察长、侦监处处长。未经律师同意,不得报送其他人员。

(2)本法律监督建议书系律师出于维护法律职业共同体的声誉,本着对事实负责、对法律负责、对委托人负责的精神而出具,文中事实部分如有出入,以侦监部门的核实为准。

(3)本法律监督建议书仅限于与办案单位的上级机构工作沟通交流时使用。未经律师同意,不得作为证据使用,不得作为信访上访资料,更不得向任何国内外媒体提供。

北京市鑫诺律师事务所　合伙人律师:刘建民
上海锦天城(郑州)律师事务所　合伙人律师:范玉顺
河南佑祥律师事务所　合伙人律师:靳万保
二〇一六年五月二十二日

这份《法律监督建议书》秘密呈报后,市检察院主要领导过问了案件。

我本想这种在检察院内部的情况反映，应该算是善意警示，"点到为止"。可没有想到，这剂苦口的良药竟然使侦查部门勃然大怒，将矛头直接指向了辩护律师。

我的工作履历、家庭状况、经济收入、社会关系也被深挖细查，刨根问底。

在随后的日子里，我总能感觉到身后有一个甩不掉的尾巴。

多名政法友人的善意提醒也印证了我的疑虑。他们还善意地问我有几个电话号码，并建议我换一个电话。

对于这种变相的威胁，我认为：这不仅仅是侦查人员心胸狭隘，必定是在掩盖什么。他们为什么要这样呢？

这进一步激发了我的工作热情和斗志。我不愿相信他们在滥用权力，如果真是这样，那是绝对不能容忍的。对于这种无私无畏的强悍个性，他们绝对没有想到。

我感谢了友人的提醒，也请代为转告：工作依旧，清者自清，请各自珍重！

飞鸽授权：义无反顾

> 律师悄悄话：家属公开授权，表明了坚定的决心。对在押的嫌疑人来讲，是一种精神力量，要实事求是，相信法律。对辩护律师来讲，是一种信任和鼓励，应当不畏公权，顽强工作。对检察机关来讲，是一种无形的压力，可以促使其全面审视侦查思路，客观评判案件的是非对错。

6月1日，夫人派人飞赴河南，送来了一份委托书（附主要内容）。来人说，这是夫人登机前留下的，并一再盼咐要以最快时间当面交给我。

我的授权委托书

刘建民律师及律师团全体律师：

我与杜鹏飞相识于西南军旅，相爱于越战前线。我履职在军务机要岗位，他奋战在炮火连天的一线战场。报效祖国，英勇杀敌是我们年轻夫妇共同的理想。最终，我们赢得了胜利，我们活着回来了！含泪掩埋了战友尸体，迎来了凯旋回国的鲜花和掌声。从此以后，爱祖国、爱家乡成为我们一代军人终生不变的誓言。

1984年大阅兵后，我夫杜鹏飞自愿放弃了转业安置，白手起家，投身商海。辗转于京豫两地，奔波于大江南北。风餐露宿，青灯黄卷为伴。90年代初，我放弃了为人师表的职业，泪别父母，随夫离京南下。移居深圳，筑巢关外，相夫教子，夫唱妇随。始终秉承回报社会，服务桑梓的大爱情怀，坦诚为人，合法经营。三十年弹指一挥间，目前已拥有广东、河南、山东多个项目，国内净资产规模超过百亿。

早在 2005 年，河南省共城市人民政府招商引资改组煤矿。我夫杜鹏飞报效家乡心切，响应政府号召，参与煤矿改制。在经过十年投资，略有成效之际，忽闻涉嫌刑案，顿感惊愕失措。杜鹏飞在国外闻听此言，力排众议，毅然回国，主动接受调查。然而投案之日，即被"监视居住"，随即又被刑事拘留。

经了解，杜鹏飞被冠以贪污罪名。经咨询，我夫既非公职，又无委托从事公务，改制资产确系出资收购，而非国有，贪污何来？如果罪名成立，面临十年以上监禁之危局。我虽多年足不出户，不闻窗外之事，但深感案有蹊跷，事出有因。遂令人多方打探，方知缘由有二，一则多事之人恶意控告，二则执法机关蓄意敲诈，且二者连锁共生。面对如此阴谋，士可忍，孰不可忍？

请转告杜鹏飞，我爱他！愿他坚强！我会永远等着他，一世一生！

夫君有难，百亿家产于我何用？为妻虽为女子，但也有军人的血性！我相信天理国法，不会轻言放弃。生命可抛，财产可弃，我要为托付一生的人啼血鸣冤，奔走抗争！

在登机离开祖国之际，作为深圳巨龙集团的资产所有人，郑重授权如下：

1. 采取一切合法手段维护杜鹏飞的人身权利和自由。
2. 采取一切合法手段追查陷害者，控告违法者，还原事情真相。
3. 根据需要，有权随时动用集团公司在国内的全部资产，有权随时召集集团公司和子公司的股东会、董事会决定任何事项，有权出售公司资产，有权终止公司生产和经营。

我会派员全力支持您和您的团队的工作！也希望您和您的团队

09. 飞鸽授权：义无反顾

能够恪尽职守，不辱使命！

二〇一六年六月一日

款款深情，字字血泪。救夫之心，感天动地。
当晚，律师团召开紧急会议，宣读了夫人授权书。
夫人出国了，律师责任更重了。

侦监喊话：不予逮捕

> 律师悄悄话：律师应当全面收集案件信息，并通过会见嫌疑人核实信息。要相信侦监部门，并申请其当面听取意见。陈述意见要有重点突出，有条有理，观点明确，有理有据。在陈述意见的同时，要报送书面材料。书面材料要格式规范，论证充分。要围绕犯罪构成要件逐项分析，语言要通俗易懂。对于专业性问题，要进行全面研究。对于批捕审查时可能出现的极端情况，要周全考虑，提前防范。

5月24日，我们收到了《提请逮捕告知书》。

5月25日，靳万保律师会见了杜鹏飞。杜鹏飞谈到侦查人员让他看了一份什么领导小组副组长的纪要，他对副组长没有印象，纪要上也没有他的签字。杜鹏飞还说侦查人员问过什么共同管理之类的话，他说巨龙集团当时有团队进驻煤矿，具体情况不清楚。

在征得集团总部领导同意后，律师团细化了工作方案，决定紧扣事实和法律，进行无罪论证，釜底抽薪，全力达到"不予逮捕"的辩护效果。

一是尽快完成至少四份材料，分别是当面听取律师意见申请书、关于领导小组副组长的分析论证、关于改制过渡期共同管理的分析论证、关于不构成贪污罪的综合论证；二是材料提交方式要案管中心转交和当面呈报同步进行，确保有据可查；三是呈报对象为侦监处承办人，侦监处长，主管侦监的副检察长、检察长，必须呈报到位；四是采取有效途径，引起检察机关高层领导重视和监督。

直到这一天，集团总部领导才详细说明了当时强令我停止辩护工作的原委。

原来，龙田煤业救人心切，托人从中说合，市检察院相关领导保证，如果杜鹏飞主动投案，只需问问材料，最多不超过两天，办个取保手续，就让他出来。但有一个条件，就是不能跟刘建民律师讲这种约定，否则一切免谈。

现在他们终于知道上当了。

听后，我只有苦笑了，说道："今天，我也有一个条件，就是对细化了的工作方案和部署，参与人员一定要保密。否则，谁泄密，谁向夫人当面解释。"

众人从命。我该亲自出马了。

连续多日，我和靳万保律师住在宾馆，彻夜长谈，分析论证，研究细节，准备材料。

5月27日，我们向市检察院侦监处提交了《当面听取律师意见申请书》（附全文）和《杜鹏飞若是领导小组副组长也不属于委托从事公务的人员》（附全文）。

当面听取律师意见申请书

W市人民检察院：

2016年5月24日，律师就杜鹏飞涉嫌贪污罪一案向贵院提交了《法律监督建议书》。建议书中认为本案不构成犯罪，Y县人民检察院立案侦查是错误的，且办案过程中有违规、违法行为，严重侵犯了相关人员的人身权利，请求贵院主动行使侦查监督权，恢复杜鹏飞的人身自由，纠正违规、违法行为。

由于本案侦查行为的合法性存疑，由此涉及证据的法律效力和刑事证明力，且建议书中的相关问题涉及检察机关的执法形象，故

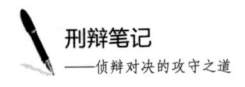

请求贵院安排时间,当面听取律师意见。

申请人:刘建民 靳万保
二○一六年五月二十七日

杜鹏飞若是某领导小组副组长
也不属受托从事公务的人员

律师在依法会见犯罪嫌疑人杜鹏飞时,杜鹏飞陈述,侦查人员认为其符合贪污罪主体的依据是,某次会议纪要中"杜鹏飞是……领导小组副组长,系委托管理经营国有财产人员"。

辩护律师利用排除法推定,并通过对相关"领导小组"内容、职能、具体授权、资产性质等方面进行综合分析,认为杜鹏飞不属于"受托管理经营国有财产的人员",不具备贪污罪的主体资格。

一、侦查部门认定的"领导小组"是哪一个

结合本案的改制事实,辩护律师分析,上述"领导小组"可能有三个。一是企业改制领导小组;二是煤矿改制工作合作推进领导小组;三是煤矿改组过渡期临时领导小组(班子)。

企业改制领导小组,是改制初期共城市人民政府为加强对国有企业改制工作的领导而设立的临时性政府机构,其组成人员为国有煤矿产权人代表(即政府相关领导和政府职能部门人员)、国有煤矿管理人代表(即该企业负责人)。因为该小组属政府领导机构,且具有规范煤矿改制程序、拟定资产出售底价、确定谈判思路、批复改制方案和新公司设立等国有资产保值增值的政府职能,收购方是绝对不应当介入的。因此,会议纪要确定杜鹏飞为该小组副组长的可能性不大,但也不排除政府将其列入的可能。

煤矿改制工作合作推进领导小组,是根据 2005 年 4 月 11 日共城市人民政府与深圳市巨龙实业集团公司签订的《合作框架协议》约定而成立的,其目的是加强沟通与联系,分工负责,按时完成合同约定的或改制程序要求的各自工作,保证整个改制工作的顺利推进。因此,会议纪要确定杜鹏飞为该小组副组长是可能的。

煤矿改组过渡期临时领导小组（班子），是根据2006年1月26日共城市人民政府与深圳市巨龙实业集团公司签订的《煤矿改组和煤化工项目协议书》约定而成立的。现有资料显示，煤矿改组和煤化工项目协议书签订后的2月16日，双方成立了该小组（班子），但该小组（班子）中没有杜鹏飞的名字，故对该小组（班子）予以排除。

二、作为某领导小组副组长，是否有被委托进行管理经营的事实，是否实际管理经营了国有财产

1. 上述两个小组没有管理经营国有财产的职能，也没有对副组长进行相关的特别授权

如上所述，企业改制领导小组是政府为企业改制而设立的临时性组织领导机构，是从政府组织层面来规范、指导改制工作。煤矿改制工作合作推进领导小组是为了加强沟通联系而设立的，是从双方合作层面保证改制进程的顺利进行。从两个领导小组成立的目的和要求来看，均没有管理经营国有煤矿的职能，也不可能授权杜鹏飞作为副组长直接管理经营煤矿，其他文件中也没有相关的特别授权。

2. 杜鹏飞没有管理经营国有财产的客观事实

首先说明，煤矿资产的国有属性，从改组协议签订生效之日起发生了改变。协议之前，煤矿资产系国有资产是没有疑问的。协议之后，根据协议约定，"国有资本全部退出"。收购主体因支付约定对价而取得煤矿资产所有权，政府因取得资产转让对价（债权）而退出，使该资产不再具有国有属性，自此，煤矿资产已不再是国有财产。

上述两个小组均成立于《煤矿改组和煤化工项目协议书》之前，由于当时没有签订正式协议，收购主体没有也不可能介入国有煤矿进行经营管理。《煤矿改组和煤化工项目协议书》签订并生效之后，收购主体派员接管的煤矿资产已不再是国有财产。因此，杜鹏飞即便是上述两个小组之一的副组长，也是没有管理经营国有财产这一客观事实的。

三、结论性意见

贪污罪的主体有三种,一是从事公务的公职人员;二是受委派的公职人员;三是受委托从事公务的其他人员。

杜鹏飞没有公职身份,显然不是前两种人员,对于是否属于第三种人员,辩护律师认为:第一,杜鹏飞不管是企业改制领导小组的副组长,还是煤矿改制工作合作推进领导小组的副组长,从文件载明的成立领导小组的目的和职能来看,均没有也不可能赋予其管理经营国有财产的职权,其他相关文件中也没有对其进行委托的特别授权;第二,两个小组均成立于改组协议签订之前,当时,杜鹏飞所属公司没有也不可能介入国有煤矿的管理经营。在改组协议签订生效之后,由于国有煤矿资产与转让价款实行了对价,"国有资本已全部退出",煤矿资产已不再是国有财产,此时,杜鹏飞所属公司不存在管理经营国有财产的客观事实。因此,杜鹏飞不属于"受委托从事公务的人员",不具备贪污罪的主体资格。

辩护律师:刘建民 靳万保
二〇一六年五月二十七日

当天,侦监处承办人同意听取律师意见。

按照约定时间,我提前赶到了市检察院侦监处。在侦监处办公室门口,遇见了该案件承办人叶小春。

她惊讶:"你不是退出辩护了吗?"

我说:"我原本想撤回辩护手续的,你们说工作忙,没让我撤回。我只能还是辩护律师了。"

看得出,她很无奈。不过,还是微笑着和我挥手告别。

我的辩护手续未能撤回,至今还在他们那里,这给了我一个绝好的机会,让我能够也有权向侦监部门当面陈述。

5月29日,我起草了《改组过渡期管理权系设定,国有资本已全部退出,资产收益应归收购主体所有》(附全文)和《杜鹏飞不构成贪污罪的事实理由》(附全文)。

改组过渡期管理权系设定，国有资本已全部退出，资产收益应归收购主体所有

2015年6月26日，Y县人民检察院对杜鹏飞涉嫌贪污立案侦查。侦查部门认为，2006年犯罪嫌疑人杜鹏飞利用管理共城市吴村煤矿的职务便利，贪污公款3000余万元，涉嫌贪污犯罪。随后，实施了一系列刑事侦查措施。

律师在会见犯罪嫌疑人时，杜鹏飞陈述，侦查人员认为其利用了管理国有煤矿的职务便利。

经查，2006年1月26日《煤矿改组和煤化工项目协议书》第九章"改组完成前的管理"第48条中约定："自本协议规定开始改组之日起至煤矿改组完成为有限责任公司并办妥工商变更登记事项之日止为改组过渡期，在改组过渡期内，甲乙双方按4:6的比例对煤矿行使所有者的权利，共同对煤矿行使管理权。"

辩护律师认为，侦查部门在"改组过渡期管理权及收益归属"问题上，认识有误，有必要进行法律论证和分析。

一、为什么要约定改组过渡期

实践中，国有企业改制要经历"磋商—协议—交接—注册"程序。只有新公司注册成立后，整个改制工作才算完成。

"协议"确定了国有资产转让的对价款数额及支付方式，"交接"则是实现对标的资产的占有和管理。协议生效且交接完成后，收购主体完成了对标的资产的占有，并因支付约定对价取得了该资产的所有权。此时，政府享有了转让价款（债权）而使标的资产不再具有国有属性。而收购主体真正取得工业产权的标志，则是办妥相关证照。从取得标的资产所有权到取得法律意义上的工业产权，是需要一定时间的。在这个时间段，对煤矿这一特定的行业，安全才是第一位的。因此，就有了"改组过渡期"的约定。

需要说明的是，"改组过渡期"的约定，并不是国有企业改制协议中的必备条款。有此条款，说明政府对改制工作完整性的重视，体现双方对改制工作的严谨细致。无此条款，也不会影响对相关安

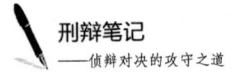

全责任的追究。

工业产权转让，如同房屋转让一样。协议签订后，购房者支付（或约定支付）房屋价款并占有房屋，即取得财产所有权，而真正取得房屋产权，则需要办理完成房产证照。在取得财产所有权到取得房屋产权之间，双方可以约定过渡期的权利义务，共同配合办理证照，全面完成房屋交易工作。

二、约定改组过渡期内"共同行使管理权"的目的

改组过渡期有两个重要时间节点：一是开始于协议生效和接管。收购主体因约定支付转让对价而取得对煤矿资产的所有权，因接管而实现对煤矿资产的占有；二是终结于新公司注册成立。收购主体因完成办理证照的变更过户而取得了法律意义上的完整工业产权。

在改组过渡期内，煤矿资产的所有权主体有两个：一个是实质上的煤矿资产所有权主体，即收购主体，因支付约定对价取得了煤矿资产的所有权；第二个是形式上的煤矿资产所有权主体，即政府，因未完成相关证照变更过户而继续保留法律意义上的工业产权。

煤矿是一个特殊的行业。双方约定改组过渡期，其根本目的是通过加强管理，确保安全生产。还有一个重要目的，是尽快完成相关证照的变更过户，确保实质上的所有权主体和形式上的所有权主体统一，责任权利明确。

三、改组过渡期内共同管理权的来源及设定

如前所述，在改组过渡期内约定"共同行使管理权"，其目的是保证安全生产，尽快完成产权变更过户。但收购主体和政府共同行使管理权的权利来源是不同的。

收购主体的管理权来源是因支付约定对价而取得的煤矿资产所有权，根据"管理权基于物权而取得"的基本原则，属于法定取得。政府因享有转让价款（债权）而失去了煤矿资产所有权，因而其管理权不是基于物权，而是出于对特定行业的社会管理要求而由双方约定，属于约定取得。

煤矿改组协议中"4:6的比例"份额，是双方对改组过渡期内行使管理权的约定，也是收购主体基于物权享有全部决策管理权的

自愿让渡。这种权利让渡,仅限于管理权本身,非明示则不包括财产收益权,也不包括经营风险。

综上,改组协议签订生效后,按照协议约定,"国有资本全部退出",政府因享有资产转让价款(债权)而不再拥有煤矿资产所有权,故其在改组过渡期内参与管理的权利来源系设定。新公司成立后,改制过渡期结束,政府管理权随之丧失,也说明该权利不是政府固有的权利。

需要特别说明的是,改组协议中类似的权利设定不止一处。如第3条:"甲方同意乙方参股经营吴村煤矿和程村矿井,其股比构成为甲方持有15%的股份,乙方持有45%的股份,吴村煤矿职工持有40%的股份。自本协议生效之日起,甲方持有的15%股份即行转让给乙方,使乙方持有的股份达到60%,实现控股经营,国有资本全部退出。"这种政府拥有股份并在协议生效后即行转让的描述,同样是一种虚拟的设定,其目的是授予其参与谈判、签订协议的主体资格。

四、改组过渡期内煤矿资产的收益和风险

"所有权人享有财产收益,承担财产风险"是一项基本的民事原则,改组过渡期内煤矿资产归属是确定相应资产收益和风险承担的前提。

改组过渡期内煤矿资产所有权归收购主体所有,是基于以下两点:

(1)改组协议第3条约定:"自本协议生效之日起,甲方持有的15%股份即行转让给乙方,使乙方持有的股份达到60%,实现控股经营,国有资本全部退出。"杜鹏飞所属公司接管煤矿资产时,改组协议已经签字生效,依照协议约定,国有资本已经全部退出。

(2)改组协议生效后,收购主体因支付约定资产转让价款而取得了煤矿资产所有权,政府因享有资产转让价款(债权)而转让煤矿资产所有权,从而使煤矿资产不再具有国有属性。这是国企改制的基本程序要求,符合法律规定和交易规则。

因此,收购主体享有煤矿资产的全部收益,并承担经营风险,

是符合法理情理的。双方约定的"改组过渡期共同行使管理权",仅仅是为了确保安全生产,尽快办理证照变更。这种设定的共同管理权份额,是收购主体自愿让渡的决策管理表决权。这种设定的管理权,并不改变收购主体享有资产收益的权利,也不改变收购主体承担经营风险的义务。

如同签订房屋买卖协议一样,购房人支付房款并占有房屋后,租赁收益、增值利益等均由其享有,出售人不得因其有办理过户手续的配合义务和相关工作而向购房人请求分配。

综上,改组协议签订生效后,双方确认了收购主体出资1.4亿收购煤矿资产。收购主体进驻接管后,依照合同约定,"国有资本全部退出"。收购主体接管占有该资产,并开始经营管理。自此以后,煤矿资产收益全部归收购主体所有,经营风险也由收购主体承担。尽管双方约定共同行使管理权,其目的是为了确保生产安全,尽快变更过户相关证照,注册成立新公司。这种管理权份额比例是设定的,不是基于物权产生,因而,煤矿资产收益与管理权份额比例无关,均归收购主体享有,政府也不可能承担经营风险。通俗一点讲,如果此时的煤矿资产收益由双方共享,那么之前协议确定的收购价款1.4亿元还有什么意义?合同约定的"国有资本全部退出"是否有效?政府既享有资产转让对价款(债权),又享有资产收益权,是否公平?因此,改组过渡期内收购主体享有煤矿资产的全部收益,合理合法。国有资本已全部退出,不构成对国有财产的侵占。

五、对侦查部门错误认定的分析

侦查部门认为,2006年犯罪嫌疑人杜鹏飞利用管理共城市吴村煤矿的职务便利,贪污公款3000余万元。该认定包括三个内容:

(1)犯罪时间发生在2006年2月16日至4月9日。结合煤矿改制"2006年1月26日签订改组协议,2月16日进驻交接,4月29日新公司成立"的事实,以及改组协议第48条"自本协议规定开始改组之日起至煤矿改组完成为有限责任公司并办妥工商变更登记事项之日止为改组过渡期,在改组过渡期内,甲乙双方按4:6的比例对煤矿行使所有者的权利,共同对煤矿行使管理权"的约定。辩护律师分析：侦查部门认定的犯罪时间应当是收购主体进驻交接后到新公司成立这一段"改组过渡期"内，即2006年2月16日至4月9日期间。

（2）犯罪嫌疑人杜鹏飞管理了国有财产。

（3）犯罪嫌疑人杜鹏飞贪污了公款3000余万元。

针对侦查部门的认定内容，辩护律师认为，下列五个方面的事实足以阻却贪污犯罪的构成：

第一，改组过渡期内，合同明确约定"国有资本已全部退出"，杜鹏飞所属公司因约定支付转让对价而取得了煤矿资产所有权，此时，煤矿资产显然已不是国有财产。

第二，收购主体是深圳市巨龙实业集团有限公司和煤矿职工，事后成立新公司的股东是法人股东和工会代持的职工股东。收购主体和新公司股东中均没有杜鹏飞本人。

第三，煤矿改组过渡期临时领导班子名单中没有杜鹏飞的名字，杜鹏飞本人也没有参与过改组过渡期内的实际管理经营工作。

第四，改组过渡期内政府管理权不是基于物权产生，而是双方以协议的形式临时设立，非固有权利，不影响煤矿资产收益的归属。煤矿资产的全部收益应归收购主体所有，该收益显然不是国有财产，款项也不是公款。

第五，杜鹏飞本人没有占有煤矿款项的客观事实。

综上，侦查部门对改组协议签订生效后煤矿资产性质及收益归属问题的认识有误，且属于常识性错误，而非争议，据此认定的杜鹏飞涉嫌贪污犯罪是不能成立的。

辩护律师：刘建民　靳万保

二〇一六年五月二十九日

杜鹏飞不构成贪污罪的事实理由

根据律师会见时了解的情况，辩护律师分析认为，侦查部门认定杜鹏飞涉嫌贪污罪的理由可能是：

（1）会议纪要材料显示，杜鹏飞担任某领导小组副组长。由此推断，杜鹏飞被委托从事了国有煤矿的管理经营。

（2）依照改制协议约定，协议签订后至新公司成立之前为改组过渡期。在此期间内，政府与杜鹏飞所属公司按4∶6的比例对煤矿行使所有者的权利，共同对煤矿行使管理权。由此推断，杜鹏飞及所属公司从事了国有煤矿的管理经营。

（3）在共同管理的改制过渡期内，煤矿资产属国有财产，产生了不低于3000万元的收益，杜鹏飞将其占为己有。

辩护律师现就上述推论进行针对性分析，并根据本案事实和相关法律规定，结合贪污罪的构成要件，提出杜鹏飞不构成犯罪的如下理由：

一、会议纪要材料不能证明杜鹏飞存在被委托管理经营国有财产的事实，杜鹏飞也未从事具体管理经营工作，不属于贪污罪中的"受委托从事公务的人员"

贪污罪主体有三种：一是从事公务的公职人员；二是受委派的公职人员；三是受委托从事从公务的人员。

显然，杜鹏飞不是前两种人员。是否属于"受委托从事公务的人员"，则须有证据证明两个事实：

1. 存在杜鹏飞受委托的事实，且受托内容是管理经营国有财产

即使是杜鹏飞担任了某领导小组副组长，但从会议纪要内容，结合该领导小组的目的和职能来看，均没有也不可能有委托的表述，更没有委托其管理经营国有财产的内容。其他的文件资料上没有也不可能有相关的特别授权。

2. 存在杜鹏飞实际管理经营国有财产的事实

改组协议签订生效前，杜鹏飞所属公司没有也不可能进驻国有煤矿进行管理经营；改组协议签订生效后，杜鹏飞所属公司接管了煤矿资产，而此时，依照协议约定，"国有资本已全部退出"，此时的煤矿资产已非国有，杜鹏飞所属公司管理的资产已不属于国有财产；收购主体是深圳市巨龙实业集团公司和煤矿职工，杜鹏飞本人不是收购主体，也不是新公司的自然人股东，且杜鹏飞没有参与对

煤矿资产的具体管理经营工作。

综上，杜鹏飞不属于"受委托从事公务的人员"，不具备贪污罪的主体资格。

二、改组过渡期内国有资本已全部退出，杜鹏飞所属公司接管的煤矿资产不属于国有财产

贪污罪侵犯的客体是国有财产所有权。

本案中，杜鹏飞所属公司在改组过渡期内接管了煤矿资产，而此时的煤矿资产已不属于国有财产。理由如下：

（1）改组协议第3条约定："自本协议生效之日起，甲方持有的15%股份即行转让给乙方，使乙方持有的股份达到60%，实现控股经营，国有资本全部退出。"杜鹏飞所属公司接管煤矿资产时，改组协议已经签字生效，依照协议约定，国有资本已经全部退出。

（2）改组协议生效后，收购主体因支付约定资产转让价款而取得了煤矿资产所有权，政府因享有资产转让价款（债权）而转让煤矿资产所有权，从而使煤矿资产不再具有国有属性。这是国企改制的基本程序要求，符合法律规定和交易规则。

综上，杜鹏飞及所属公司没有侵犯国有财产所有权。

三、在改组过渡期内杜鹏飞所属公司与政府共同行使的管理权系设定，其目的是保证安全生产和尽快办妥证照变更过户，其份额比例体现的是管理表决权

在改组过渡期内，政府与杜鹏飞所属公司"按4:6的比例对煤矿行使所有者的权利，共同对煤矿行使管理权"。这种共同管理权约定，其目的是为了保证强化安全生产管理，尽快办理证照变更过户。管理权份额比例不是法定的，而是双方通过协议来设定，体现的是经营管理决策表决权。这种管理权的约定，是收购主体基于物权享有全部决策管理权的自愿让渡，仅限于管理权本身，非明示则不包括财产收益权，也不包括经营风险。理由及法理依据分述如下：

（1）如前所述，改组协议生效后，煤矿资产不再是国有财产，收购主体因支付约定对价取得了该资产所有权。根据"管理权基于物权而产生"的基本原则，收购主体享有对该资产的全部管理经

营权。

（2）收购主体因协议生效享有实质上的资产所有权，但由于改组过渡期内相关证照未变更过户，政府仍然享有形式上的资产所有权，同时负有相应责任和风险。在这种背景下，政府出于对煤矿这一特定行业的安全考虑，与收购主体协商并由收购主体让渡部分管理权是合理的，其目的也是特定的。

（3）政府管理权系收购主体自愿让渡取得，不是法定，因而与资产收益权无关。收购主体作为实质上的所有权人，在未明示授权让渡收益的情况下，资产收益则全部归其所有，符合"所有权人享有财产收益，承担相应风险"的民法原则。

（4）通过共同管理权份额比例的约定，推定资产收益分配比例，进而推定该资产属国有财产，属于对民法理论的无知或误解，有悖公平原则。

综上，改组过渡期内政府管理权及份额比例的约定，系收购主体的自愿让渡而设定，不是法定权利。该权利并不影响资产收益归属和分配，更不改变资产所有权主体，收购主体有权独立享有全部资产收益，并承担经营风险。

四、杜鹏飞及所属公司在改组过渡期内没有非法占有 3000 余万元公款的事实

（1）在改组过渡期，煤矿资产已不再是国有财产，其款项也不再是"公款"。

（2）杜鹏飞所属公司在改组过渡期内接管煤矿资产进行管理经营，因系该资产的所有权人，享有资产收益不构成非法占有。

（3）杜鹏飞不是收购主体，也不是新公司的自然人股东，其本人自始至终都没有参与煤矿的管理经营。

（4）自杜鹏飞所属公司在改组过渡期内接管煤矿资产之日起，直至今日，杜鹏飞陈述其本人没有占有分文现金，更没有侦查部门认定的"3000 余万元公款"。

综上，在改组过渡期内，即使存在资产收益，也应归收购主体所有，该资产及收益没有国有成分，款项也不是"公款"，杜鹏飞本人没有非法占有的事实。

以上事实理由，敬请参考。并请依法全面审查，作出不予逮捕决定。

辩护律师：刘建民 靳万保
二〇一六年五月二十九日

5月30日，呈报。侦监处承办人听取了律师意见。

5月31日，为避免侦查部门补充其他犯罪证据，出现以其他罪名批捕的极端情况，我们超前防范，提出了有理有据的《两点意见》（附全文）。

两点意见

一、目前侦查部门报送的材料是涉嫌贪污，应当作出不构成犯罪的不予批捕决定

主要理由为：

（1）自改组协议签订生效后，收购主体因约定支付1.4亿万转让对价款而取得了煤矿资产所有权，且依照该协议约定，"国有资本全部退出"。收购主体进驻接管时，该资产已不属于国有财产。显然，不具备贪污罪的客体。

（2）杜鹏飞没有公职，也不属于"受委托从事公务的人员"。因为即便杜鹏飞是某领导小组副组长，但从这些领导小组的内容、性质、职能来看，并没有授权杜鹏飞管理经营国有煤矿的表述。事实上，杜鹏飞也没有管理经营过国有煤矿（改组协议签订前，只是派员对国有煤矿进行尽职调查；改组协议签订生效后，派员进驻管理的已不是国有煤矿），显然，不具备贪污罪的主体资格。

二、如果侦查部门在贪污罪的批捕审查期最后一天补充提交其他犯罪线索的材料，可以对其他犯罪线索另行指定人员按照法定的期限审查，但对贪污罪是否批捕应当直接作出决定

主要理由为：

（1）侦查部门对其他犯罪线索进行补充提交，要求一起审查，是有意缩短对其他犯罪的批捕审查期限，故意为侦监部门出难题，限制侦监部门的侦查监督权。

（2）侦查部门对其他犯罪线索进行补充提交，是有意将其他犯罪线索与明显不构成犯罪的贪污混为一谈，欲通过其他犯罪线索将明显不构成犯罪的贪污案件复杂化，达到继续羁押的目的。

辩护律师：刘建民　靳万保
二〇一六年五月三十日

当天下午3点，靳万保律师再次到看守所会见杜鹏飞。

对于这起贪污案件不予批捕的结果，我们是有信心的。

市检察院侦监处是全省出了名的优秀队伍，早有耳闻。他们能够当面听取律师意见，一则证明了他们务实的作风；二则说明了他们公正的决心；三则表明了他们对案件的重视。但我不让靳万保律师跟杜鹏飞讲，因为在押人的情绪应当保持稳定。

6月2日下午5点，靳万保律师接到侦查部门电话，要求到看守所办理取保候审手续。

事实终归是事实，理由被采纳。侦监部门喊话了：不予逮捕！

杜鹏飞出来啦！电告了家人朋友。

30天，加17天，侦查部门用足了法定时间。

自由了！

一声问候，泪满襟，感恩苍天！

一个拥抱，情似海，一世兄弟！

一盆篝火，跨过来，一生平安！

一场沐浴，去风尘，苦尽甘来！

掌声响起，律师们该走了。

睡个好觉吧！明天太阳升起时，我们还要启程，因为路很长。

诱导规劝：交钱照顾

> 律师悄悄话：不予逮捕，侦查部门必须变更强制措施。羁押对嫌疑人的身体和心理会造成巨大损伤，律师及时劝慰是必要的。律师应当与当事人全面交流，让其述说。对于为期一年的取保候审，律师应当在全面了解事情经过后作出分析和预判。侦查部门不会轻易撤销案件，那会让他们颜面尽失。侦查部门委托的财务审计报告，成了他们责令退赔的主要依据，律师应当对此发表意见。

对于"不捕"的性质，究竟是不构成犯罪的不予逮捕，还是事实不清的不予逮捕，我们没有考证，也无需了解。我们相信侦查部门对贪污案件的是非对错是清楚的，毕竟侦监处也是检察院的内设部门。

取保候审，人身自由不再受强制，这是一大进步。

我们当时给杜鹏飞的建议是：体检一下，然后什么也别想，休息、休养、休闲。

20天后，我去看望杜鹏飞，他的精神特别好，谈了很多，我主要是倾听。

总结一下，他说的主要内容有四大块：

第一，我没有贪污。煤矿改制时，他们说我是改制小组副组长，我不知道，也没签名。进驻煤矿交接前，政府一直在管理煤矿，我们没有参与。进驻煤矿交接时，协议签订了，转让价也谈妥了，煤矿成我们自己的了，而且那段时间，都是集团公司给煤矿钱，煤矿不挣钱。

第二，我没有送礼。煤矿改制是政府招商的，是政府邀请我们，不用送礼的。政府领导很精明，账算得很仔细、很认真。改制时集团公司有一个团队，我不管细节，团队负责谈判磋商。我从来不带包的，说我送礼时带什么颜色的包，纯属胡扯，根本没有的事儿。他们问我向谁谁谁送礼了没有，这些可是市级领导，有的我根本不认识，还给我测谎，没有的事儿，怎么能测出来。

第三，我们没有沾光。他们说评估基准日后有利润，给我们了，让我们退回，我说交接前政府在管理，挣钱不挣钱，我们不知道，交接时财务账面上几乎没有钱。他们说有的资产不该剥离，我们少给了钱，我说该不该剥离都有规定的，团队负责谈的，他们也有纪要，我不知道细节，但我知道没有沾光。他们说我们欠政府的钱一直不还，我说我们每年都打报告要求算账，七八年了，没人理我们。另外，我还说，政府承诺老矿可以干很多年，事后才知道改制时已经报废了。政府交给我们的新矿根本没有生产能力，井筒巷道不成样子，为此花了很多钱，吃大亏了。

第四，疑犯人权保障还需加强，司法真的很强大。我劝他，法律很无情，自由很幸福。

连续多日，我们谈论的都是同样的话题。

当然，还有侦查人员对律师的诋毁，诸如"律师都是骗人的""听律师的话，只会被从重处罚"等等。我总是一笑了之，也曾问过杜鹏飞："你怎么评价律师？"这位历经磨难却意志坚定的人说道："有些办案人员才是彻头彻尾的骗子，满口谎言，逼供诱供，毫无素质可言。"

此时，我再次给出建议：对外要闭门思过，反省自身；对内要强身健体，该干什么干什么。

6月30日，律师团召开会议，分析案件走向。

综合各种信息,律师团分析认为,杜鹏飞案件是市检察院反渎局主导侦查的系列案件之一,至少还涉及贿赂案件、渎职案件,其中渎职案件应是重点。近期,贪污案件因为变更为取保,暂不会提及,其他案件侦办力度可能会加大,但我们要主动申请撤销贪污案件。

同时认为,渎职案件与集团公司利益是相关联的。渎职后果是国家财产损失,一旦认定,侦查机关便会责令受益方退赔,审判机关也会判令受益方退赔。

对此,律师团作出了大胆的预判:由于贪污犯罪不予逮捕,案件定性存在重大问题,两个月内侦查部门不可能直诉,也不会主动撤销。侦查部门会把渎职犯罪的侦查、移送起诉作为重点。当我们申请撤销贪污案件时,有可能进行诉辩交易,即愿意退钱的话,可以考虑撤销案件。但是,如果退了钱,就坐实了渎职犯罪,因为他们会做在押领导的思想工作,说收购方自愿退钱了,让其认罪。

我们将会议情况讲给杜鹏飞听,杜鹏飞很果断:"应该出的钱,我们一定出;不该出的钱,我们不会出;要是出钱对其他人不利,我们更不会出。"

工作还是要做的。疏通、沟通、求援、求情……

7月9日,回馈市检察院意见:撤销案件不可能,还要起诉呢。

7月17日,回馈市检察院意见:可以交一些押金或定金,表示一下积极态度。

7月18日,靳万保律师面见副检察长吕深秋。吕深秋表示,可以联系一下案件承办人叶小春,你们可以看看会计机构的审计报告。利润应该退,利息应该退,欠缴的转让款可以与政府协商解决。

7月30日,靳万保律师谈到了协助办案单位盖章的事儿。那些材料是龙田煤业的档案,有会议纪要,有改制方案,主要是证明在押领导的职责。另外,听说在押领导要被移送起诉审查了。

一切都在预料中。交钱从宽,坐实他人。

7月31日,靳万保律师领取了审计报告。针对三种款项的审计结论,辩护律师起草了《回复意见》(附全文)。

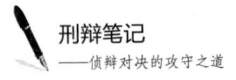

关于鉴定意见的书面回复

Y县人民检察院:

2016年7月27日收到贵院新延检反渎鉴通[2016]1号《鉴定意见通知书》和W市巨中元会计师事务所有限公司新巨会审[2016]第81号《河南省共城市吴村煤矿审计报告》(第1册)复印件。

经反复阅读和分析,我们认为该鉴定意见中的三个数据与杜鹏飞涉嫌贪污案件没有关系,现提出如下异议:

一、关于"2005年5月1日至2006年3月31日经营净利润为43 738 369.90元"的问题

原吴村煤矿改制的关键时间节点分别为:2005年初至4月11日的前期磋商,确定了2005年4月30日为评估基准日;2006年1月26日,签订了《煤矿改组和煤化工项目协议书》;2006年2月26日进驻交接,明确了煤矿负责人和财务负责人;2006年4月29日,龙田煤业公司注册登记设立。

2006年2月26日进驻交接之前,原吴村煤矿一直由共城市人民政府派员负责经营管理,期间盈利与否、盈利多少,巨龙集团和参股职工无从知晓,也未接收。2006年2月26日进驻交接后,依据煤矿改组和煤化工项目协议的约定,"国有资产全部退出",此时煤矿资产因协议约定支付对价而成为巨龙集团和参股职工的资产,已非国有。

因此,上述期间经营净利润的审计数据,一则截止日2006年3月31日非改制工作的关键时点;二则横跨资产交接日2006年2月26日存在两个不同的资产所有权人和管理人,审计经营净利润毫无意义。上述期间经营利润的审计数据与认定杜鹏飞涉嫌贪污没有关系,不能作为认定贪污犯罪的有效证据。

二、关于"2005年12月20日至2008年6月26日,巨龙集团欠缴的转让价款为4584.5463万元"的问题

鉴定机构根据《煤矿改组和煤化工项目协议书》确认的交易总价款,减去已上缴款项,得出了欠缴款项的数额。但是,该审计报

告,一则没有列出已上缴款项的明细,致使无法准确核对;二则忽略了《煤矿改组和煤化工项目协议书》中明确约定的核减项目,致使成为单方审计,显失公平。

《煤矿改组和煤化工协议书》第9条、第19条、第31条等多个条款明确约定了核减事项。这些核减内容共有8类,龙田煤业公司曾多次向共城市人民政府及三任市长书面提出,一直未能研究解决。本案侦查过程中,也曾向侦查部门提供详尽的资料,审计时却未扣减。

因此,欠缴转让价款的审计结论,对合同明确约定的核减事项未能扣减,显然是不公的。而且转让价款的争议纯属合同履行过程中的民事纠纷,与杜鹏飞涉嫌贪污没有关系。

三、关于"欠缴的产权交易款产生的利息为3211.9990万元"的问题

鉴定机构对欠缴产权交易款利息审计的依据是《企业国有产权转让管理暂行办法》。该审计报告脱离了企业改制的实际情况,违反了民法基本理论常识,因而是错误的。理由如下:

1. 招商引资是可以协商谈判的

原吴村煤矿改制不是单纯的国有企业产权转让,而是包括煤矿改组、煤化工项目在内的一揽子对外招商引资项目。当时该项目有三家参与,分别为香江集团、中铝集团和巨龙集团。招商引资项目是允许谈判的,相关条款也是可以协商的。

2. 不约定利息没有违反国家法律、行政法规的强制性规定

《中华人民共和国合同法》施行于1999年10月1日。该法规定,导致合同无效的情形是违反国家法律、行政法规的强制性规定。而施行于2004年2月1日的《企业国有产权转让管理暂行办法》,制定发布者为国资委和财政部,这是典型的部门规章,不是行政法规,更不是法律。2006年1月16日签订《煤矿改组和煤化工项目协议书》时,共城市人民政府考虑到当地招商引资背景、煤矿改制特殊性、煤化工项目重要性以及合同履行中双方互负义务的情况,没有约定转让价款分期支付时的利息,是合理公平的,也没有因为违

反国家法律和行政法规的强制性规定而导致合同无效,因而双方均无过错。

3. 有约定从约定,没有约定利息的,利息不予保护,是基本的民事诉讼常识

在煤矿改组和煤化工项目协议书中,双方没有约定利息,而鉴定机构审计时却计算了相应利息,显然是没有法律依据的。

因此,欠缴产权交易款的利息审计无法律依据,且与杜鹏飞涉嫌贪污犯罪没有关系。

辩护律师:刘建民 靳万保
二〇一六年七月三十一日

8月9日,靳万保律师将回复意见提交给案件承办人叶小春,明确指出审计报告中经营净利润4000余万元、欠缴的转让价款4500余万元、转让款利息3200余万元,与贪污案件没有关系,退给政府没有理由!

案件已近一年,苦心研究,斗智斗勇,使我身心疲惫,夜不成寐。适逢小女暑假,我便提出了家庭旅游的建议,妻女欢喜。

8月19日,我们飞抵云南,去了风花雪月的地方。看苍山雪,观洱海月,听下关风,赏上关花。探寻茶马古道,走访白族民居,体察藏民生活,感悟雪山风韵。

一去就是9天,愁云消散,心旷神怡。

斩断外援：律师被逐

> 律师悄悄话：财务审计报告中退赔理由被律师否定。侦查部门另行提出的退赔理由，再次被律师论证否定。侦查部门连连受挫，会失去理智。风险预警后，要及时上报律所，作出评估和防范，组织的力量是强大的。退出辩护是理性选择，不要激进，不要对抗。在某些情况下，侦查部门会把脸面看得高于一切，而不是法律，这也是错案发生的重要原因。

交钱的压力依然存在。

9月8日，靳万保律师再次与案件承办人叶小春沟通交流。

叶小春坚持认为经营净利润4000多万应当退回。另外还提出，采矿权转让价款504.41万元、未上缴的社保费500多万元也应当退给政府。靳律师未能口头说服叶小春，表示尽快研究后书面回复。

9月12日，针对经营净利润、采矿权转让价款、未上缴的社保费问题，我们起草了《关于煤矿改制事实和相关法律问题》（附全文），进行了全面的分析论证。此文的起草，连续两个昼夜，下足了功夫，意图彻底说服侦查部门，从此再无战事。

关于煤矿改制事实和相关法律问题

Y 县人民检察院：

在杜鹏飞涉嫌贪污一案杜鹏飞被取保候审期间，辩护律师与侦查部门进行了多次沟通。侦查部门先后提出了三点意见，建议龙田煤业公司予以考虑：

（1）煤矿改制时，吴村矿井资产未作评估，但自评估基准日至新公司龙田煤业成立，该矿井经营利润高达 4000 余万元，收购方作为受益人，应当退回。

（2）新公司龙田煤业成立后原吴村煤矿采矿权许可证更名过户时，吴村煤矿与龙田煤业公司签订了采矿权转让补充协议，确认采矿权转让价为 504.41 万元，但龙田煤业公司没有支付，应当补交。

（3）煤矿改制时政府从净资产中剥离了应当补缴的社保费用 1400 余万元，交给新公司龙田煤业，但龙田煤业实际缴纳了 800 余万元，未缴纳的 500 余万元应当退交政府。

辩护律师认为，涉案的煤矿改制系当时政府招商引资项目，发生在 2005 年，事过 10 年。查明改制事实，搞清法律概念，理顺法律关系，上述问题将迎刃而解。

现根据改制事实和相关法律，提出如下法律意见：

一、吴村矿井因报废而未作评估，不属于"遗漏资产"

1. 基本事实

原国有吴村煤矿资产包括两大块：一是吴村矿井（即生产矿井，资产评估时采矿许可证未到期），二是程村矿井（即基建矿井，在评估基准日之后长达三年时间，不具备生产条件）。由于当时吴村矿井资源枯竭，2003 年 12 月 2 日河南省煤炭工业局行文批复吴村煤矿矿井报废（核销生产能力）。2005 年 4 月 30 日是煤矿改制的评估基准日，评估机构依据上述批复，对吴村矿井资产未作评估。评估基准日之后，政府（原国有吴村煤矿）在回收设备过程中，生产了少量的煤炭，产生了一定的经营利润。

这一事实涉及报废资产的评估、是否属于遗漏资产、报废资产的利用等法律问题。

2. **法律分析**

（1）吴村矿井被批复报废后，评估机构不作评估是符合法律规定和评估惯例的。因为矿井报废，生产能力被核销，该资产无法实现其合法价值。

（2）最高人民法院关于企业改制的司法解释中提出了"遗漏资产"的概念。所谓"遗漏资产"，是指应当评估而未评估，或因隐瞒、遗忘而遗漏的资产。对于遗漏资产，应当退回。显然，本案的吴村矿井资产因被批复报废而未作评估，不属于"遗漏资产"。

（3）煤矿为特殊行业。矿井被批复报废后，国家允许生产企业采取措施回收采煤设备，以减少资产损失。而在回收采煤设备的同时，为清理巷道可以生产少许煤炭。这一行业惯例是符合情理的。因此，在矿井被批复报废后，井下的生产行为是以回收设备为目的，不是以盈利为目的，因为此时的安全风险要远远高于经营利润。

综上，吴村矿井因报废而未作评估，不属于"遗漏资产"。在此之后，政府（国有煤矿）为清理巷道生产少量煤炭，其目的是为了回收设备，减少资产损失，不是以盈利为目的。因此，退回经营利润是没有法律依据的。

二、评估基准日至煤矿改组协议签订后的进驻交接日期间，政府（国有煤矿）是煤矿资产经营管理的唯一主体，占有并支配了吴村矿井的经营利润，其有责任和义务对程村矿井进行维护维修投入，来保证煤矿资产不贬值和基建矿井（程村矿井）基本维持评估基准日时的井下状况

1. **基本事实**

2005年4月30日评估基准日后，政府（国有煤矿）继续负责吴村矿井的生产经营（为回收设备、清理巷道进行了少量生产）和程村矿井的投资建设。当时，程村矿井系基建矿井，没有生产能力。由于地质条件变化，需要不断地进行投入，来维持评估基准日时的井下状况。但井下条件不断恶化，巷道变形、井筒扭曲严重，致使

2006年1月26日双方谈判时争议较大。政府（国有煤矿）在承诺"（维修费用）待专家鉴定评估后双方另行协商，政府给予相应补偿"后，收购方才同意达成协议。

这一事实涉及政府（国有煤矿）投入的责任和义务、程村矿井作为基建矿井是否增值等法律问题。

2. 法律分析

（1）评估基准日的财务数据是静态的，是确认改制企业资产和负债的基本依据，而生产性企业的财务数据又是不断变动的。这就意味着静态的数据不是唯一标准。企业改制中收购方的目标资产为两块：一是静态的两个矿井资产；二是动态的基建矿井井下条件。

（2）本案的特殊性在于，原吴村煤矿的程村矿井在评估基准日之后很长一段时间（2005年~2008年）内，是基建矿井，根本不具备生产能力。在改制协议签订日直至资产交接日，程村矿井应当维持评估基准日时的井下状况，对收购方才是公平的。

（3）在评估基准日到改组协议签订后的资产交接日，政府（国有煤矿）一直负责煤矿资产的经营管理，其有义务和责任采取措施保证煤矿静态资产不贬值和基建矿井动态条件不恶化。在此期间，政府（国有煤矿）对不具备生产能力的基建矿井进行维修维护投入，其目的是维持评估基准日时的井下条件，满足双方的交接要求。维修维护行为是政府（国有煤矿）的义务，并没有使基建矿井资产增值。

（4）由于评估基准日之后，程村矿井井下条件发生了重大变化，维修维护费用大幅提高，政府（国有煤矿）将吴村矿井的经营利润全部投入到程村矿井也未能到达评估基准日时的井下状况，对此，改组协议谈判时收购方提出了异议，在政府承诺"（维修费用）待专家鉴定评估后双方另行协商，政府给予相应补偿"后，双方才最终签订了协议。

（5）改组协议中政府的补偿条款说明了两点：一是评估基准日之后政府（国有煤矿）有义务和责任对程村矿井进行投资，保证井下条件不恶化；二是政府（国有煤矿）把吴村矿井的经营利润投入全部到程村矿井是不够的，远没有维持评估基准日时的井下状况，只有通过事后补偿，才是公平的。

综上，关于"评估基准日后，吴村矿井经营利润投入到程村矿井，收购方接收了程村矿井的资产，因而收购方是受益方"的观点是错误的。理由有三：一是评估基准日至改组协议签订后的进驻交接日，政府（国有煤矿）一直管理着煤矿资产，其有责任和义务进行投入，以保证煤矿资产不贬值、基建矿井的井下条件不恶化；二是收购方接收的是不贬值的煤矿资产和基本达到评估基准日井下条件的基建矿井，政府（国有煤矿）对基建矿井投资与否、投资多少，与收购方是没有关系的；三是改组协议中的补偿条款也表明，政府（国有煤矿）对程村矿井的实际投入，并没有改变程村矿井井下条件的恶化状况，另行补偿才能弥补一定损失。因此，收购方不是吴村矿井经营利润的受益者。

三、吴村煤矿整体改制为龙田煤业有限公司，资产债务为"概括性继受"，所有生产经营证照的更名过户均系以协议约定的交易价款（即转让价款）为基础的行政许可延续行为，其中的转让（补充）协议，系为满足具体部门的办证要求而补充，无实际意义，无须另行支付转让价款

1. 基本事实

依据改组协议"甲方应协调有关政府部门，为煤矿改组为有限责任公司及改组后生产经营证照的更换提供便利"（第41条第6款）；"在煤矿完成改组后，与甲方共同将变为有限责任公司的煤矿原有生产经营证照等更换到新公司名下"（第42条第5款）的约定，在新公司龙田煤业2006年4月29日注册登记成立后，双方配合协助完成了采矿权、房产权等证照的更名过户。

其中，2006年7月27日，吴村煤矿与龙田煤业公司签订了《吴村煤矿采矿权转让补偿协议书》。协议书约定："1. 根据河南金石资产评估事务所评估，吴村煤矿采矿权价值为484.41万元，双方确认采矿权转让价为504.41万元。2. 共城市国资委在收取吴村煤矿的全部转让价款时已代收该部分价款，乙方可不再另行支付。"

这一事实涉及企业整体改制、概括性继受、工业产权转让后的证照更名过户等法律问题。

2. 法律分析

(1) 原吴村煤矿除对外投资形成的水刺布厂、水泥厂、城区办公楼交与政府，由政府另行处置外，其生产经营性资产全部纳入改制范围，由新公司龙田煤业承接。这是典型的企业整体改制。

(2) 企业整体改制，是指由出资收购方全面承接原企业的债权债务，接收在册职工。从法律上讲，就是"概括性继受"。在改制过程中，所有资产负债应当由中介机构依法评估确认，并通过双方谈判磋商程序，确定净资产数额，最后由收购方出资购买。新公司成立后，改制工作完成，新公司享有原企业的所有权利，承担原企业的所有义务。

(3) 双方确认的净资产收购价款，即为转让价款，这是收购方取得原企业工业产权的对价款。但工业产权是一个抽象而广泛的概念，具体包括企业的各项许可证照、房屋所有权证照、土地使用权证照、知识产权证书等等。实现工业产权的转移，就是要更名过户各项证照。

(4) 由于工业产权转移的对价款已经支付或者约定支付，所以各项证照的过户办理费用无须另行支付。在具体办理某个证照时，行政管理机关的经办人员一般会让双方完善一些材料，来满足办证过户的形式要件。因整个工业产权转移的对价款已经支付或约定支付，这些补充材料中约定的转让价款在对双方将不产生法律约束力，否则，将是重复支付，显失公平。

综上，本案中，吴村煤矿采矿权转让补充协议中约定了转让价款504.41万元，就是在分证过户更名时为满足办证过户要求而出具的，对双方不具有约束力。一是因为收购方约定出资1.4亿元整体收购了煤矿，工业产权转移的对价款已约定；二是因为原吴村煤矿采矿许可证未到期，新公司过户是为了证照的有效延续，仅仅是承接主体的变更；三是从协议双方来看，龙田煤业公司成立后改制工作已完成，原国有吴村煤矿是不存在的，补充协议纯属是为了满足行政管理机关办证过户要求。

四、社保费用应当补缴而未全部补缴到位有特殊原因。这些社保费用由政府从煤矿净资产中剥离后交给企业，企业应当按照缴费比例与社保部门理顺职工的社保关系。对于未缴纳社保费用引起的纠纷属于职工与用人单位的劳动争议，适用劳动仲裁程序，由企业独立承担该法律后果，与政府无关

1. 基本事实

在煤矿改制过程中，原国有煤矿欠社保局养老保险金1462万元，这些属于政策性剥离范围。政府从净资产中剥离后交给了新公司龙田煤业，由龙田煤业与社保局理顺职工养老保险关系。龙田煤业接管煤矿后，大部分职工按照职工与单位按2:8的比例缴纳了个人承担的部分，公司承担了80%，一并上缴社保部门，理顺了职工养老保险关系。但一些职工因拒绝缴纳个人应承担的部分，社保局无法单独接收单位应承担的80%，致使养老保险关系至今无法理顺。

这一事实涉及社保费用的分担、未缴纳社保费用的法律后果、劳动争议纠纷的性质等法律问题。

2. 法律分析

（1）政府将欠缴的养老保险金从净资产中剥离后，交给了龙田煤业，龙田煤业通知职工按2:8的比例承担个人应承担部分，大部分职工缴纳了个人应承担的部分，加上公司应承担80%，一并上缴社保局，理顺了职工养老保险关系。由于一些职工拒绝承担个人应缴纳的部门，社保局对企业应承担的80%无法接收，相应的职工养老保险关系至今无法理顺。这就是社保费用没有全部补缴的直接原因。

（2）养老保险金涉及职工的生活保障，政府将以往欠缴的社保费用从净资产中剥离交给龙田煤业，是正确的。龙田煤业作为用人单位，及时补交并理顺职工养老保险关系，也是应当的。由于我国的养老保险制度实行职工与单位分担制，而社保机构又不能单独向一方收取，这就决定了职工养老保险关系必须双方合力才能完成。

但司法实践中，职工养老保险关系属于劳动争议，因未理顺职工养老保险关系而引起的法律后果由用人单位承担，这样就给用人单位增加了法律风险。

（3）煤矿改制后，龙田煤业公司出现了多起劳动争议，大多是因个人不愿缴纳应承担部分，致使职工养老保险关系未理顺而引起的。按照有关规定，形成劳动关系但未缴纳保险金的，社保机构不承担责任，用人单位应当按照相关标准承担全部责任。职工退休时，这一问题将更加突出。一般情况下，公司和职工会采取集中补交的方式理顺养老保险关系。

综上，社保费用应当补缴而未全部补缴到位是有原因的，长期以来由此引起纠纷的后果都是用人单位来承担，与政府没有关系。一般情况下，职工临近退休时，公司和职工会采取集中补缴的方式理顺养老保险关系。现将暂未补缴完毕的预留社保费用予以退回，不仅没有法律依据，而且于情于理不合，会严重侵害退休职工利益。

五、企业改制是一项专业性很强的民事法律行为，受民事司法的调整。而刑事司法具有的是打击犯罪的惩罚职能，由于职能分工、专业认知的差异，其介入和评判民事活动应当慎之又慎。实践中要树立四种观念，确保维护当地社会稳定

1. 应当用全局眼光来看待煤矿改组行为

本案的煤矿改制仅仅是当时政府招商引资项目的一部分，同时还包括煤化工项目。在招商引资过程中，出资方和政府进行谈判磋商是允许的。

2. 应当用历史眼光来评判煤矿改组行为

双方依据当时的法律政策进行谈判磋商，是规范严肃的。收购方的每项条件当时都有理由作为支撑，政府也履行了会商和集体决策程序，不能因为事过多年对具体细节的淡忘而怀疑其合理性。

3. 应当用民事法律思维来对待煤矿改组行为的效力

企业改制由许多单项数据组成，不能因为对某一单项数据的不理解或认为不公平而否认整个改组行为的合法有效。

例如，由于吴村矿井被批复报废、生产能力被核销，对煤矿土地和固定资产在评估价的基础上进行适当扣减，虽没有具体法律依据，但符合情理。

又如，在改制过程中，政府曾预留了6名临时工10年工资28.80万元，从净资产中剥离交给了企业，而改制10年后这6名临时工至今健在，预留的工资远远不够，工资仍需发放。对收购方来讲，目前显然是不公的。但当时必须设定一个标准来推进改制工作，而且这个标准得到了双方的认同。

再如，在改制过程中，政府未将6000余万元应收款作为坏账处理，而是作为资产进行了评估，至今仍有4000余万元未追回，损失巨大。对收购方来讲，目前显然也是不公的。但作为企业改制的一个单项数据，收购方同样应当理解并接受。

民事法律行为的基本原则是平等自愿。改组协议一经签署，双方应当认真履行，任何单位和个人无权擅自评价某一单项数据，更不能否认整个改组行为，刑事司法也不例外。

4. 应当用专业眼光来审视资产评估、采矿许可证更名过户、社会保险等专业问题

企业改制是一项专业性很强的民事法律行为，用大众眼光进行审视和判断是发生常识性错误的根本原因。

例如，评估基准日是双方协商设定的，其目的是取得稳定的静态资产数据，作为协商谈判时重要的参考依据。本案特殊性在于改制中拟收购的标的资产有两部分：一是静态的吴村矿井和程村矿井资产；二是动态的程村矿井（基建矿井）井下状况。如果谈判协商时静态资产发生贬值，或动态的井下状况发生恶化，收购方必然会拒绝接收煤矿致使改制工作失败。因此，政府（国有煤矿）应当采取措施来保证协商谈判时煤矿静态的资产不贬值、动态的井下状况不恶化。为此，政府（国有煤矿）对井下基础设施进行维护维修，是其基本义务和责任。因此，"政府（国有煤矿）将吴村矿井的经营利润投入到程村矿井，收购方接收了程村矿井资产后，便是吴村矿井经营利润的受益人"的观点是错误的。

又如，在改组协议中，双方约定了转让价款数额及其支付方式。

该协议生效后，煤矿的工业产权便发生了整体转移，收购方依照约定取得了煤矿资产所有权。之后全部证照的更名过户，则无需另行支付转让费用。相关部门让其出具补充协议，仅仅是为了满足办证的程序要求，对双方不具有约束力。本案中的采矿许可证办理时，原吴村煤矿采矿许可证未到期，新公司更名过户是对原采矿许可证的有效延续，相关费用在原采矿许可证申请时已经缴纳。至于期间吴村矿井被批复报废，资产不作评估，不影响原采矿许可证的有效性。因为矿井报废是省煤炭工业局的职权，采矿许可证发放是省国土资源厅的职权，况且，矿井报废后可以在批准后开采非保安煤柱，因此，采矿许可证不会因为矿井报废而被撤销。

再如，政府（国有煤矿）将改制前欠缴的社保费用交给新公司是应当的，因为社保关系的主体是企业与职工，企业有责任理顺与职工的社保关系。至于新公司因故未能及时将社保费用全部补缴，则属于企业与职工的劳动争议，其法律后果由新公司承担，与政府是没有关系的。因此，让企业退回未补缴的社保费用，将直接侵害职工的合法权益。

二〇一六年九月十二日

9月18日，为了确保沟通效果，我亲自到办案单位提交，并与叶小春进行了近两个小时的交流。

沟通是顺畅的，几个专业问题达成了共识，她说需要上报市检察院。我感谢办案单位给我机会，也敬佩案件承办人的平和为人。

9月20日上午10时许，我接到了叶小春电话，满心欢喜。

她依旧平和地说："你们的意见已向市检察院领导做了汇报，领导很重视。"我迫不及待地向她表示了谢意。

她接着说："另外，有个情况需要跟你讲一下。"

"请你理解，我们也和公诉部门讨论了，就是你的辩护人身份问题。认为你是贪污案件的证人，不适合担任辩护人。这样的话，我们的案件质量会有问题的，请你理解。"

一棍将我打懵。我怎么会是贪污案的证人呢?

"要不这样,你抽个时间把辩护手续拿走吧。"她说。

我突然醒悟,我需要有一个书面证据,便说:"我担任辩护人这些长时间了,也提供了不少材料,直接取走手续不妥。要不这样,你们给我发个通知,我也好向委托人和律所有个交代"。

她说:"我们系统里没有这种格式文书,出不来。"我知道肯定没有,因为侦查部门没有驱逐辩护人的权利。

我说:"写个通知书,盖个章就行。"并向她口述了通知书的主要内容。

她竟然欣然同意了。一个善良的女生。她还表示,不用我辛苦地过来了,会让人捎给我的。结束通话前,她一再希望我的理解。

不久,我收到了一份《告知书》(附全文):

告 知 书

杜鹏飞涉嫌贪污犯罪一案中,犯罪嫌疑人杜鹏飞的律师刘建民因同时又是本案的证人,根据《人民检察院刑事诉讼规则》第三十八条第四款的规定,刘建民不得被委托担任杜鹏飞的辩护人。

特此告知。

Y县人民检察院反渎局

2016年9月20日

我怎么会不理解她呢?我知道,这是蓄谋已久的。

人放了,钱不给。鸡飞了,蛋也打了,必定恼怒。于是,侦查部门开始不按套路出牌,实施"斩首行动"。我的律师同事戏称,这叫"擒贼先擒王"。

《告知书》为证,我被逐出了战场。

9月23日,我及时赶到北京律所,详细汇报了辩护过程中遭遇的诋毁、离间、跟踪和驱逐行为。律所评估风险后,制定了防范措施,建立了与全国律协、最高司法机关、中央媒体的常态化联系。

多名律师和助理待命，随时准备事态恶化后的律师维权抗争。

9月29日，在告知书未收到的时候，我提前召开了律师团会议。一是对侦查部门限制律师辩护的行为，不复议、不解释、不声张，坚决执行；二是重新聘请辩护律师接任工作，最好是市检察院能够认可的律师，工作重点是贪污案；三是分析了近期侦查力度加大的几种可能，务必以解释疏导为主，不激进、不对抗、不树敌，伸出橄榄枝，逐步弱化侦辩矛盾。

之后，杜鹏飞聘请了河南财经政法大学教授、河南路德律师事务所律师焦占营担任贪污案件的辩护人，负责与侦查部门沟通交流。我退出辩护，提供法律咨询服务。靳万保律师与新任辩护律师焦占营进行合作，共同履行辩护职责。

"阻击战"仍在顽强地进行着。

律师团队的律师都明白，当侦查部门把矛头指向一线辩护律师的时候，案件一定存在重大问题。因此，我们没有畏惧，反而斗志昂扬，信心更足了。

13 敲山震虎：深挖事故

> 律师悄悄话：律师被驱逐，意味着侦查行为要脱轨了。为了加大当事人退赔的压力，侦查部门必然会加大力度。两起普通的煤矿事故被刑事追诉，曾被非法羁押的法定代表人重新履行了法定许可程序。律师力量虽然弱小，但要敢于亮剑，因为这个社会需要正义，被羁押人的唯一希望就是律师。市检察院检察长是站得高，看得远的。其"放人"的决定，是黑夜的一道亮光，是沉闷天际的一声春雷。

这些日子，我一直在思考，侦查人员到底是什么样的人，为什么这样做。各种信息表明：他们离间并驱逐律师，是在掩盖非法侦查。但没有人可以阻止他们。

律师服务必须以大局为重。我正式退出案件辩护。

坐上小板凳，台下看大戏。

远望天空，时而乌云翻滚，时而电闪雷鸣。我知道，暴风雨就要来了。

10月8日，共城市人大常委会办公室通知龙田煤业副董事长、人大代表侯某谈话，建议其辞去人大代表职务。

11月11日，Y县公安局得到人大常委会许可后，对侯某实施刑事拘留，涉嫌罪名为不报安全事故罪，羁押于Y县看守所。

11月14日，律师团范玉顺、陈冬律师受聘担任辩护人，会见了侯某。随即又向Y县公安局力陈不构成犯罪理由，建议撤销案件或变更强制措施。

公安机关的回复，道出了他们的难言之隐：这是市检察院移送的案件，我们有压力。近期准备提请县检察院逮捕，你们可以向县检察院侦监部门当面陈述。

11月18日，律师团召开会议，分析案情，研究对策。

煤矿两起事故发生时间相隔近三个月。一起是"9·4运输事故"。工亡人员违反规定，在无专人指挥的情况下，未先将料车及U型钢进行牢靠固定，在危险位置使用非专用工具违章撬动料车处理掉道，车翻被砸，抢救无效而亡；另一起是"11·24顶板事故"。工亡人员擅自进入无支护掩护的空顶区，碎石滑落，头部受伤，抢救无效而亡。事故后，公司及时进行救护和医疗，未造成其他人员人员伤亡和重大财产损失。

两起事故隐瞒的信息被市检察院发现后，煤矿行政主管部门及时派员调查，出具了认定结论：第一起事故中，责任归工亡职工；第二起事故中，责任归工亡职工。但鉴于公司隐瞒事故，责令停产整顿，科以罚款，并对相关人员作出行政处分。

对上述两起事故，律师团分析认为：煤矿行政主管部门的责任认定是本案的关键证据。本案既不构成不报、瞒报安全事故罪，也不构成重大责任事故罪，也不属于重大劳动安全事故罪。正常情况下，县检察院侦监部门依法批捕的可能性不大。但这次不一样，因为市检察院反渎局对县检察院有很大的影响力。

11月21日，范玉顺、陈冬律师向Y县检察院提交了《法律意见书》（附全文）。

法律意见书

尊敬的Y县检察院各位领导：

上海锦天城（郑州）律师事务所依法接受犯罪嫌疑人侯某妻子郭瑞玲的委托，指派范玉顺、陈冬律师担任其辩护人。现就本次事故发生原因、侯某是否构成犯罪、是否符合批准逮捕条件、是否符合取保候审条件、管辖错误等发表法律意见如下，请百忙之中拨冗关注，参考并采纳为盼。

一、事故发生的原因和直接责任人

共城市龙田煤业有限公司程村矿井于 2015 年 9 月 4 日 0 时 5 分发生一起运输事故，导致一人死亡（以下简称"9·4 运输事故"）；于 2015 年 11 月 24 日 19 时 30 分发生一起顶板事故，导致一人死亡（以下简称"11·24 顶板事故"）。2016 年 6 月 13 日，河南省煤矿安全监察豫北监察分局会同卫河市安监局、工信委煤炭办、共城市监察局、矿管局、安监局、科工信委、公安局、总工会等部门，并邀请共城市人民检察院派员参加，组成事故调查组，对上述两起事故分别进行了调查，查清了事故发生的原因和经过，认定了事故性质，划分了事故责任，对责任单位、负责人提出了处理建议，出具了事故调查报告。河南煤矿安全监察局豫北监察分局于 2016 年 8 月 1 日分别以豫北安全局〔2016〕52 号、〔2016〕53 号文件，同意事故调查组对事故单位及有关责任者的处理意见。

根据事故调查组的调查报告，"9·4 运输事故"和"11·24 顶板事故"的直接原因和责任者分别是：

（1）"9·4 运输事故"。直接原因：职工违章超挂车辆，轨道坡度由陡变缓，软连接的串车前后碰撞，造成车辆掉道，职工在无专人指挥的情况下，未先将料车及 U 型钢进行牢靠固定，在危险位置使用非专用工具（锚杆）违章撬动料车处理掉道，被料车上突然窜出的 U 型钢撞伤致死。责任划分与处理建议：陈小利在无专人指挥下，未先将料车及 U 型钢进行牢靠固定，在危险位置使用非专用工具（锚杆）违章撬动料车处理掉道，对事故负有直接责任，鉴于已在事故中死亡，建议不再追究其责任。认定侯某负责董事会日常工作，参与瞒报事故，对瞒报事故负有责任，建议予以记过处分。

（2）"11·24 顶板事故"。直接原因：集中轨道下山第四联络巷口维修地点旧棚顶梁拆下正在敲帮问顶时，巷道维修工李小孬擅自进入空顶下，被顶板掉落的矸石砸伤致死。责任划分与处理建议：

李小孬安全意识差，擅自进入无支护掩护的空顶下，对本起事故负直接责任，鉴于其已在事故中死亡，建议不再追究其责任。侯某负责董事会日常工作，参与瞒报事故，对瞒报事故负有责任，建议予以记过处分。

最高人民法院于2011年12月30日下发的《关于进一步加强危害生产安全刑事案件审判工作的意见》（法发［2011］20号文）第三部分即正确确定责任部分的第6条明确要求：审理危害生产安全刑事案件，政府或相关职能部门依法对事故原因、损失大小、责任划分作出的调查认定，经庭审质证后，结合其他证据，可作为责任认定的依据。故上述事故调查报告是本案的重要证据，在无相反证据证明其错误的前提下，报告中关于侯某的责任认定应当采纳，并作为认定其是否构成犯罪的依据。

根据事故调查报告，侯某对事故的发生没有责任，仅对瞒报事故负有责任。

二、侯某不构成犯罪

（一）侯某在本案中不构成重大劳动安全事故罪

《中华人民共和国刑法》（以下简称《刑法》）第135条规定，安全生产设施或者安全生产条件不符合国家规定，因而发生重大伤亡事故或者造成其他严重后果的，对直接负责的主管人员和其他直接责任人员，处三年以下有期徒刑或者拘役；情节特别恶劣的，处三年以上七年以下有期徒刑。

本罪的客观方面表现为厂矿等企业、事业单位的劳动安全设施或安全生产条件不符合国家规定，因而发生重大伤亡事故或者造成其他严重后果的行为。构成本罪，在客观方面必须具备以下两个互相关联的条件：

（1）厂矿等企业、事业单位的劳动安全设施或安全生产条件不符合国家规定，也就是指为了防止和消除在生产过程中的伤亡事故而使用的防护装置、保险装置、信号装置、危险牌示和识别标志不符合国家立法机关、生产主管部门制定、颁布的一系列保障安全生产，保护劳动者人身安全和合法权益的法律、法规和规章制度中规定的标准。

（2）发生重大伤亡事故或者造成了其他严重后果。根据事故调查报告，导致事故发生的直接原因是职工违章作业，死伤职工均是直接责任人。调查报告并没有认定劳动安全设施或安全生产条件不符合法律规定，更没有认定事故是因为劳动安全设施和安全生产条件不符合要求引起的。

所以，本案认定侯某涉嫌重大劳动安全事故罪缺乏客观条件。

（二）侯某不构成重大责任事故罪

《刑法》第134条第1款规定，在生产、作业中违反有关安全管理的规定，因而发生重大伤亡事故或者造成其他严重后果的，处三年以下有期徒刑或者拘役；情节特别恶劣的，处三年以上七年以下有期徒刑。

本罪在客观方面表现为在生产和作业过程中违反有关安全管理规定，因而发生重大伤亡事故或造成严重后果。违反有关安全管理规定是指违反有关生产安全方面的操作规程、劳动纪律和劳动保护等规定，表现形式既可以是作为也可以是不作为。构成本罪的行为人：第一，必须具有违反安全管理的规定的行为；第二，违反有关安全管理的规定的行为发生在生产过程中并与生产有直接关系。

根据事故调查报告，两起责任事故均是由死伤职工本人违反安全管理的规定直接导致的。侯某不在事故现场，对发生事故时的生产作业行为没有组织、指挥、管理职责，更没有强令职工违章冒险作业。故调查报告并没有认定侯某对两起事故的发生原因负有责任。

因此，本案认定侯某涉嫌重大责任事故罪缺乏客观要件。

（三）侯某在本案中不构成不报安全事故罪

调查报告认定侯某对瞒报事故负有责任，是否可以据此认定侯某构成不报安全事故罪？答案是否定的，侯某不构成此罪。

《刑法》第139条之1规定，在安全事故发生后，负有报告职责的人员不报或者谎报事故情况，贻误事故抢救，情节严重的，处三年以下有期徒刑或者拘役；情节特别严重的，处三年以上七年以下有期徒刑。

本罪在客观方面表现为在安全事故发生后，负有报告职责的人员不报或谎报事故情况，贻误事故抢救，还必须同时具备造成贻误事故抢救的后果和严重情节。生产安全事故发生后，组织抢救是首要任务，要防止事故扩大，减少人员伤亡和财产损失。由于负有报告职责的人员没有及时报告事故情况，使生产经营有关地方人民政府和负有安全生产监督管理职责的部门贻误事故抢救，导致后果扩大，增加死亡1人以上或者增加重伤3人以上，或者增加直接经济损失10万元以上等情节严重的应当按本罪追责。

"9·4运输事故"和"11·24顶板事故"在时间、地点、原因等方面是两个分别独立，没有任何因果关系的事故。隐瞒"9·4运输事故"并不是"11·24顶板事故"发生的原因，二者在原因上没有任何关联，"11·24顶板事故"不是隐瞒不报"9·4运输事故"的后果。再者，两起事故发生分别造成1人死亡，此后果是事故直接造成的，并非贻误抢救造成的。因此，侯某虽对不报事故负有责任，但不符合不报重大安全事故罪的客观要件，不构成此罪。

综上，本案事实可能涉及的罪名无外乎上述三个，以上从三个罪名的客观要件方面对侯某不构成犯罪进行的分析是客观的、科学的。侯某作为法定代表人，对事故发生确实负有不可推卸的责任，是有过错的，但这种过错和责任是行政方面的，虽有过但不足以定罪，如果认定其构成犯罪，有"欲加之罪，何患无辞"之嫌，更不符合罪刑法定原则。

三、假设侯某涉嫌上述三个罪名之一，其犯罪情节完全符合《刑事诉讼法》规定的取保候审条件，不应当批准逮捕

（1）《刑事诉讼法》第65条规定，人民法院、人民检察院和公安机关对可能判处有期徒刑以上刑罚，采取取保候审不致发生社会危险性的犯罪嫌疑人可以取保候审。本案可能涉嫌的三个罪名刑期为拘役至七年有期徒刑，且前两个为过失犯罪。河南煤炭安全监察局豫北分局的调查报告已对事故发生的原因和责任调查得清清楚楚，全部事实已经固定。侯某取保候审后不会导致案件事实发生任何变化，不会影响案件的侦查，更不可能发生其他社会危害性。所以，

侯某完全符合上述规定的取保候审条件。

（2）《刑事诉讼法》第 79 条规定列举了有证据证明犯罪事实前提下，七种应当逮捕的情形：①可能实施新的犯罪的；②有危害国家安全、公共安全或者社会秩序的现实危险的；③可能毁灭、伪造证据，干扰证人作证或者串供的；④可能对被害人、举报人、控告人实施打击报复的；⑤企图自杀或者逃跑的；⑥可能判处十年有期徒刑以上刑罚的；⑦可能判处徒刑以上刑罚，曾经故意犯罪或者身份不明的。侯某在本案中没有上述任何情形，即使犯罪成立，根据客观事实，很有可能判处拘役或缓刑。因此，在假设侯某构成犯罪的前提下，对其完全没有必要批准逮捕。

四、本案由 Y 县公安局侦查属管辖错误

（1）《刑事诉讼法》和《公安机关办理刑事案件程序规定》（以下简称《办案规定》）均规定，刑事案件由犯罪地的公安机关管辖。如果由犯罪嫌疑人居住地的公安机关管辖更为适宜的，可以由犯罪嫌疑人居住地的公安机关管辖。犯罪地包括犯罪行为发生地和犯罪结果发生地。

结合本案事实，假设侯某涉嫌犯罪，首先，无论是"9·4 运输事故"还是"11·24 顶板事故"，两起事故从开始到最终各导致的结果全部发生在共城市范围内，也即侯某犯罪行为发生地、结果发生地均为共城市而非 Y 县范围内，Y 县公安局对本案不具有管辖权；其次，假设存在"如果由犯罪嫌疑人居住地的公安机关管辖更为适宜的，可以由犯罪嫌疑人居住地的公安机关管辖"这一特殊情况，侯某的户籍所在地、经常居住地也均不在 Y 县，本案也不应由 Y 县公安局管辖。

因此，依据上述管辖原则，本案由 Y 县公安局侦查属管辖错误。

（2）根据《办案规定》第 20 条之规定，上级公安机关指定管辖的，应当将指定管辖决定书分别送达被指定管辖的公安机关和其他有关的公安机关。

结合本案，如本案存在指定管辖的情形，Y 县公安局的上级公安机关即卫河市公安局应依据上述规定将指定管辖决定书送达 Y 县公安局和原本具有管辖权的共城市公安局。但截至目前,根据本律师了解的情况,本案并没有履行上述规定中指定管辖的合法程序,说明了本案不存在指定管辖的情形。因此,本案由Y县公安局侦查属管辖错误。

综上,本案假设侯某涉嫌犯罪,其犯罪地在共城市程村,在不存在指定管辖的前提下由Y县公安局进行侦查实属管辖错误,依法应由具有管辖权的共城市公安局进行侦查。

结语:根据调查报告,本案事实和责任已一目了然,本律师据此完全可以认为侯某不构成犯罪,其虽有过错,但过不至罪。司法机关不仅要惩罚犯罪,同时还要保障无罪的人不受刑事追究。但由于司法环境的不理想和案件本身的复杂性,难免在罪与非罪上存在不同认识,本律师认为对罪与非罪存在争议的案件,作为办案第一线的司法人员和办案单位没有权利不开枪,但有权利把枪口抬高一厘米,给案件后期结果的多种可能性留下回旋余地;否则,造成错案后要进行国家赔偿,更要被追究错案责任。如果认为在侯某涉嫌犯罪,对其不予批准逮捕而取保候审是目前的最佳选择。

上海锦天城(郑州)律师事务所 范玉顺 陈 冬 律师
二〇一六年十一月二十一日

11月25日,侯某被批准逮捕,律师团的预判被言中。

据了解,批捕罪名为不报安全事故罪。理由是:第一起事故发生后,公司不报行为导致了第二起事故的发生,造成了人身伤亡和重大财产损失,构成不报安全事故罪。

欲加之罪,何患无辞?我们真希望不要给出理由。这种逻辑,实在荒唐。

侯某被批捕后,善良的1600名矿工愤怒了。

他们质问律师:法律有什么用?

他们质问老总:煤矿的事儿到底管不管?

公司生产科来电:部分职工拒绝下井生产。

公司工会来电：部分职工煽动罢工闹事。

公司保卫科来电：部分职工准备走出矿区示威游行。

……………

面对职工一触即发的情绪，面对侯某家属凄凉无助的泪眼，杜鹏飞心如刀绞，痛苦万分。一方面，自己刑案在身，取保候审，只能委曲求全，处处谨慎；另一方面，爱将入狱，职工义愤，怎奈法律森森，无力相助。

在经过几个不眠之夜后，杜鹏飞表明了决心：宁可自己被收监，也要出手相救；宁可矿井被关掉，也不能让自己的兄弟再受委屈。

律师们知道，逮捕后变更强制措施，在当时的背景下，是极其困难的。

受人之托，自当全力争取。律师团连夜召开紧急会议，安排部署工作：一是要控制矿工情绪，确保煤矿生产安全，可以通过职工签名途径反映问题；二是要完善法律意见和相关材料，做到有理有据；三是要面见市检察院主要领导，详细陈述案情，请求监督和干预。

据说，在看到职工请愿书、听取当面案情陈述后，市检察院检察长大手一挥：放人！

12月9日，侯某被取保释放，重获自由。

消息传来，大家倍感欣喜。市检察院检察长的坚定表态，让杜鹏飞和律师团队感到了正义的力量，也看到了未来的希望。

14 迂回包抄：渎职另诉

> 律师悄悄话：侦查部门敲山震虎被重创后，策略有所改变，责令当事人退赔手段变得温和。律师应当综合各种信息，研判案件走向。对于其他案件的审理，未经授权的律师是无法参与的。利益关联方介入刑事案件，应当等待时机，这也是我国刑事诉讼制度的不周延之处。侦查部门对相关嫌疑人自认口供的重视，必然会出现利益关联方的申辩机会，坚持就有希望。

新聘律师后，与市检察院进行了通报。侦查部门颇为"友好"地回话：贪污罪的事实已经查清，很快就要结束，不用再聘请律师了。一旦其他案件判决下来，把冻结款项划走就完事了。

一席话惊醒梦中人。侦查部门技高一筹，实施"迂回包抄"，意图通过其他刑事案件的生效判决划走巨款，以挽回面子。

11月16日，律师团召开会议，再次分析案件走向。

会议认为：侦查部门在劝说退款无效的情况下，重点已放在了对渎职案件的侦查和移送审查起诉上。一旦渎职案件被判有罪，将会责令巨龙集团退赔，已冻结的款项也将被划走。

不出所料。第二天，我们了解得知：共城市财政局国资人员渎职案件已由Y县法院判决有罪，免于刑事处罚；共城市工业局原领导渎职案件也已起诉到Y县法院，暂未下判；共城市政府原副市长渎职案件已移送F县检察院审查起诉，暂未向法院起诉。

幸运的是，Y县法院虽然认定了国资人员犯玩忽职守罪，但认为情节轻微，免于刑事处罚。在判决主文中，对已冻结的1亿元银行存款问题，判决另案处理。

好险呀！辩护律师职权受限，我们对Y县法院的两起渎职案件是无能为力的，只能看看F县检察院受理的原政府领导渎职案件在审查起诉过程中有没有申辩机会。

此时，侦查部门并没有放弃原政府领导对玩忽职守损失的自认口供。当听说原政府领导在认可违法核减2300万元时，大为欢喜。于是，他们决定让其做做杜鹏飞的工作。

杜鹏飞被市检察院传讯，要求到F县检察院接受调查，并安排其与原政府领导见面。见面后得知，这起渎职案件涉及三个方面的国资流失。一是评估基准日至新公司成立有4300余万元的经营净利润，应当上缴政府而没有上缴；二是程村矿井矿业权评估价值1.03亿元，违法核减了2300万元，应当上缴政府而没有上缴；三是新公司成立后办理吴村矿井采矿证更名手续时，转让价款500余万元应当上缴政府而没有上缴。

渎职案件中侦查部门的认定意见终于被告知，绝好的申辩机会出现了。

律师团一方面让杜鹏飞及时向侦查部门提供资料，口头陈述不应当上缴的理由；另一方面立即展开对三个问题的研究论证。

15 侦诉分歧：移交审判

> 律师悄悄话：律师要善于抓住稍纵即逝的时机，主动申辩。尽管相关内容多次论及，但律师还是应当集众人智慧，开展深度研究。事实是基础，专业最重要。公诉部门是严谨的，证据被逐一核查，相关问题也逐渐明朗、清晰，是否存在"盈利而增加的净资产"成了侦控双方唯一的分歧。当财务审计结论无法证明渎职损失，而不起诉又面临国家赔偿时，移交审判成了检察机关转嫁侦查风险的唯一途径。

这三个问题不仅涉及原政府领导的罪与非罪，而且涉及巨龙集团公司应否退赔。律师团决定调兵遣将，在原来论证的基础上，开展深度研究。

北京、郑州的专家学者来了。

当时参与改制的人员，从山东召回。

当时参与谈判的律师，从武汉召回。

当时的改制档案资料被找到。

当时的工程资料被找到。

当时矿业权评估的依据《矿业权评估指南》被找到。

当时的电子账册被重新研究分析。

……

律师团律师和专家学者一起，经反复研究论证，最终形成了《煤矿改制中涉及国资流失的三个问题》（附全文）。

煤矿改制中涉及国资流失的三个问题

一、经审计，自评估基准日 2005 年 4 月 30 日至新公司龙田煤业成立 2006 年 4 月 29 日止，吴村煤矿煤炭生产经营净利润为 4374 万余元。国有吴村煤矿将该款投入到基建矿井，后收购方接收了该基建矿井，收购方应否将该款上交政府

1. 侦查部门认定意见

侦查部门认为，按照有关规定，在评估基准日至新公司成立期间，改制企业的经营净利润应当归转让方所有。侦查期间委托的会计审计机构的审计报告证明，国有吴村煤矿经营净利润达 4374 万余元，该利润已投入到了在建的程村矿井，使程村矿井资产增值，受让方应当上交政府。

2. 我们的意见及理由

对此，我们认为，解决这一争议问题的关键，是侦查部门委托作出的审计报告是否全面、客观地反映了"原企业盈利而增加的净资产"状况。侦查部门的错误在于，曲解了相关规定的核心内容，混淆了净资产和净利润的区别。

评估基准日至新公司成立期间改制企业的经营净利润归转让方的观点是不准确的。依据相关规定，准确的表述是"原企业盈利而增加的净资产"归转让方所有。在认定"原企业盈利而增加的净资产"时，应当考虑影响净资产的抵减项因素。国有吴村煤矿在此期间固然产生了经营利润，但同时也进行了巨额支出（投入），这些支出（投入）并未增加改制企业的净资产。这些支出（投入）分为两类：一类是在未纳入改制范围的资产上的支出，显然不会使改制企业资产增值；二类是在基建矿井上的支出，用于维修维护、支付已完工程欠款、贷款利息等，这是国有吴村煤矿在交接之前的责任和义务。从财务审计角度来讲，以评估基准日的净资产为基数，在此期间的经营净利润为增加项，未能形成净资产的实际支出（投入）

为抵减项，抵减项大于增加项，表明改制企业虽有经营利润但没有增加净资产。因此，该审计报告未能客观、全面地反映国有吴村煤矿当时的"盈利而增加的净资产"状况，不能作为相关人员构成渎职犯罪的证据，也不能作为责令收购方退款的依据。

具体理由如下：

(1) 侦查部门所谓"依据"的法定表述是国发办〔2005〕60号、财企〔2002〕313号文："自评估基准日到公司制企业设立登记日的有效期内，原企业盈利而增加的净资产，应当上缴国有资本持有单位，或经国有资本持有单位同意，作为公司制企业国家独享资本公积管理，留待以后年度扩股时转增国有股份；对原企业经营亏损而减少的净资产，由国有资本持有单位补足，或由公司制企业用以后年度国有股应分得的股利补足。"显然，这种规定是公平的。但该规定针对的是"原企业盈利而增加的净资产"，而不是审计报告中所述的"经营期间净利润"。

(2) "原企业盈利而增加的净资产"是相对于评估基准日确定的企业净资产而言的。"原企业盈利而增加的净资产"是否存在，取决于两个方面，即增加项和抵减项。账面上的经营净利润属于增加项，实际支出（投入）则属于抵减项。当增加项大于抵减项时，净资产增加；当抵减项大于增加项时，净资产减少。

(3) 在此期间的实际支出（投入）中有两类情况：一类是在未纳入改制范围资产上的支出，如原下属水泥厂、城区办公楼等项目，因未列入改制范围，显然不会使改制企业的资产增值，理应作为抵减项；二类是在基建矿井上的支出，是否使改制企业资产增值，要进行法律判断，来确定是否属于法定抵减项。

(4) 具体来讲，在基建矿井的支出（投入）中包括三项主要内容：一是关于维修维护及相关人工等费用，由于该矿井采取重置法评估，评估基准日至交接日期间的维修维护又是国有吴村煤矿（政府）的法定义务和责任，因此该费用的支出，属于增量不增值，应予抵减；二是关于程村矿井的银行贷款利息，由于项目贷款计入在建工程，在此期间实际发生的利息，没有使矿井资产增值，应予抵减;三是关于程村矿井已完工程欠款,由于该矿井采取重置法评估,且该工程欠款未作为负债纳入评估范围,应予抵减。

(5)"经营净利润"与"盈利而增加的净资产"是两个不同的概念。准确认定改制企业在此期间是否"盈利而增加了净资产",不仅要对"经营净利润"进行审计,而且应当对实际支出(投入)进行审计,并对实际支出(投入)的去向、用途等多种因素进行综合法律判断和分析。单纯以"经营净利润"审计报告为依据,确认改制企业"盈利而增加了净资产",进而责令退回,并追究相关人员的渎职犯罪,是不严谨的,也是不公平的。

3. 需要说明的问题

(1)对于该事实认定,应当理清四个法律概念:

一是"净利润"和"净资产"是两个不同的概念。

二是交接前国有煤矿(政府)是煤矿资产所有人、管理人及其义务。

三是交接前对在建矿井维修维护的责任是转让方,而不是受让方。

四是相对于评估基准日按重置法评估的程村矿井资产,煤矿管理人的维修维护属于重复施工,增量不增值。

(2)对吴村煤矿经营净利润的审计结论是不够的,还应当对在此期间的实际支出(投入)进行专项审计和比对分析,来确定该企业是否"盈利而增加了净资产"。

二、程村矿井采矿权评估价值 10 376.76 万元,经协商核减了 2300 万元,是否符合法律政策,是否应当补交给政府

1. 侦查部门认定意见

侦查部门认为,程村矿井采矿权评估价值为 10 376.76 万元,新公司龙田煤业应当全部受让,不能核减。按照有关规定,采矿权原则上应当一次性支付。如果约定分期支付,则应当在 1 年内支付完毕,且须设定担保并支付利息。收购方与政府商定核减 2300 万元,是没有法律依据的,应当退给政府。

2. 我们的意见及理由

对此，我们认为，解决这一争议问题的关键，是程村矿井采矿权评估时的标准（法律适用）是否正确。侦查部门的错误在于，将重要参数出现明显错误的采矿权评估报告作为确认转让价款的唯一标准，认为双方不得协商，或协商无效。

针对评估机构按法定服务年限 52.82 年评估出的 3090 万吨可采储量资源的采矿权价值为 10 376.76 万元，收购方依据当时法律政策的明确规定，提出了"应按法定服务年限 20 年评估，不应按矿山服务年限 52.82 年评估，对于超出规定年限评估的采矿权价值，应当扣减"的磋商意见，政府认可其理由，并同意协商，双方最终以高于法定标准即提高服务年限为 30 年（法定是 20 年）、提升生产规模为 80 万吨/年（实际是 45 万吨/年）计算出的可采储量资源价值进行转让，扣减了相应价款 2300 万元，政府利益没有受损。

具体理由如下：

（1）程村矿井采矿权评估基准日为 2005 年 8 月 31 日，因此，本案采矿权评估依据应当是 2005 年 8 月 31 日前生效的相关法律法规和规范性文件，即国土资源部 2002 年 9 月 2 日下发的《关于采矿权评估和确认有关问题的通知》和《矿业权评估指南》（2004 年修订版）。

（2）对照国土资源部两个规范性文件，收购主体提出"按法定服务年限 20 年进行评估，超出部分应予扣减"的磋商意见是符合当时规定的。

2002 年 9 月 2 日国土资源部下发的《关于采矿权评估和确认有关问题的通知》规定："采矿权评估项目的服务年限一般不应大于 30 年。对于国家出资形成的矿产地的采矿权，当服务年限超过 30 年时，可采取分段评估的方法，即只以首期拟动用的储量为基数评估采矿权价款。"本案中，首期拟动用的储量系采矿许可证确认的 20 年可采储量。

《矿业权评估指南》（2004 年修订版）规定："对采矿权评估：矿山服务年限短于 30 年的，按矿山服务年限计算；长于 30 年的，按30年计算"。本案中，矿山服务年限为52.82年，长于30年，应按30年可采储量计算。

（3）收购方提出"按法定服务年限20年进行评估"的磋商意见，显然符合当时规定，而双方协商后最终意见却是："按30年服务年限（注：采矿许可证确定首期动用储量有效年限是20年，协商时按30年计算）、80万吨/年生产规模（注：采矿许可证核定生产规模是45万吨/年，协商时按80万吨/年计算）的可采储量确定转让价款"，即"资源转让价原按3090万吨计算，现按有关规定30年计算转让2400万吨，扣减价款2300万元"。很明显，与当时评估规定相比较，通过提高服务年限和提升生产规模的方式，增加了拟转让的可采储量，减少了应扣减数额。对于这种协商结果，政府利益不但没有受到损害，而且增加了采矿权收益。

3. 需要说明的问题

（1）对于该事实认定的分歧，在于采矿权转让价款评估时应按矿山服务年限52.82年，还是应按法定服务年限20年。也就是说，如果按52.82年评估，则应全额支付，无须扣减；如果按20年评估，则应扣减。解决这一问题的关键，是采矿权转让评估时的标准（法律适用）问题，即评估报告是否客观公正。

（2）到目前为止，国土资源部颁布的《矿业权评估指南》共有三个版本，分别是2001年《矿业权评估指南》、2004年《矿业权评估指南》修订版、2006年《矿业权评估指南》修订版。本案中程村矿井采矿权价值评估的基准日是2005年8月31日，因此，应当适用《矿业权评估指南（2004年修订版）》和国土资源部2002年9月2日下发的《关于采矿权评估和确认有关问题的通知》，这是当时采矿权转让评估工作的基本法律依据。

（3）事实上，这个问题的存在是由于评估机构严重违反评估规则致使评估报告出现常识性错误造成的。对于采矿权转让的评估，应当严格执行《矿业权评估指南》（2004年修订版）和《关于采矿权评估和确认有关问题的通知》的规定，而评估机构按理论服务年限52.82年，而不是按法定服务年限20年即首期拟动用储量为基数进行评估，显然是错误的，致使双方均认为不妥，才最终协商解决。

（4）需要特别说明的是，正如程村矿井采矿权评估报告书"评估目的"中所言"评估由国家出资勘查形成的河南省共城市吴村煤矿程村矿井采矿权价值，为采矿权转让提供参考意见"，评估结果不是绝对标准，只是参考意见。当收益途径评估方法（如服务年限等重要参数）明显违反相关规定时，双方均有权提出异议，并协商解决。只要协商结果不低于法定标准，就不会造成国资流失，司法也就不应介入。

（5）侦查部门所说的"原则上应当一次性支付。确需分期支付时，则应当在 1 年内支付完毕，且须设定担保并支付利息"，这是 2004 年 2 月 1 日国资委和财政部发布的《企业国有产权转让管理暂行办法》中关于"企业国有产权转让价款"的规定。由于此处讨论的是采矿权价款，而非企业国有产权，且采矿权价款没有一次性支付和分期支付的争议，故该部门规章无须适用。

三、新公司龙田煤业成立后办理采矿许可证更名过户时，吴村煤矿与龙田煤业公司签订了采矿权转让补充协议，确认采矿权转让价为 504.41 万元，但龙田煤业公司没有支付，其是否应当上交政府

1. 侦查部门认定意见

侦查部门认为，由于吴村煤矿（吴村）矿井报废，评估机构对采矿权未作评估，因此，国有吴村煤矿当时未将剩余储量资源转让给受让方。龙田煤业公司成立后申请更名过户时，与吴村煤矿确认的采矿权价款 504.41 万元，不包含在改制时的全部转让价款中，应当上交政府。

2. 我们的意见及理由

对此，我们认为，解决这一争议问题的关键是企业改制工作中"概括性继受"概念的理解和适用。侦查部门的错误在于，局限于资产评估报告中明示的资产范围，无视了最高法院司法解释的立法意图和司法认定惯例。

评估基准日前，吴村煤矿缴纳了采矿权价款，取得了有效期限

为8年11个月的采矿许可证,因此取得了该采矿权所指向的全部储量资源的实际产权。虽因(吴村)矿井报废未予评估,但吴村煤矿对剩余开采储量资源的产权是存在的。吴村煤矿改制是企业整体改制,新公司龙田煤业承接吴村煤矿的所有资产负债与债权债务。改组协议生效后,龙田煤业公司因支付约定对价而取得了吴村煤矿的全部资产,包括报废、失效、过期的有形资产和无形资产。采矿权转让补充协议是为了满足更名过户条件而签订,当时剩余储量资源的实际产权已转移给新公司龙田煤业,龙田煤业依据开采非保安煤柱的批复并重新申报开发利用方案,获得了省国土资源庭的备案,应当享有剩余开采储量资源的评估增值利益,无须向原采矿权人另行支付。

具体理由如下:

(1) 2004年9月至12月间,国有吴村煤矿交纳了采矿权价款,取得了有效期8月11个月的采矿许可证。于是,吴村煤矿便成为采矿权人,对该矿业权所指向的全部资源储量享有实际的产权。

(2) 本案中煤矿改制是典型的企业整体改制。国有吴村煤矿下属水刺布厂、水泥厂、城区办公楼资产剥离后交与政府,由政府另行处置外,其煤炭生产经营性资产全部纳入改制范围,由新公司龙田煤业承接。根据最高人民法院关于企业改制若干问题的意见,受让方龙田煤业公司承接吴村煤矿权利义务属于"概况性继受",也就是说,除合同明确约定剥离的资产以外,应当承接改制企业的全部权利义务。当然包括原国有吴村煤矿因支付采矿权价款而取得的该矿业权有效期内所指向的未开采的资源储量的实际产权。

(3) 未作评估是因为矿井被批复报废,不具有增值利益,但其所具有的财产权益是永远存在的。未作评估,不能否认国有煤矿是其初始采矿权人,也不能否认受让方因支付对价而全部受让的事实。通俗地讲,只要是原国有吴村煤矿出资取得的资产(包括有形资产和无形资产),不管是报废,还是过期、失效,都应当由受让人承接。

(4) 新公司龙田煤业成立后,依据河南省煤炭工业局关于开采非保安煤柱的批复，重新申报矿产资源开发利用方案，获得备案，这是龙田煤业公司自行获得的报废煤矿内剩余资源新的开采权，应当独立享有其增值利益。

（5）采矿权转让补充协议是在新公司成立后为了满足当时的办证条件，同时内容也是真实的。一是采矿权价值经过了资产评估机构的评估；二是龙田煤业公司由于承接了原国有吴村煤矿的债权债务因而取得了原国有吴村煤矿因支付相应采矿权价款获得的采矿许可有效期内的剩余储量资源的实际产权，加上新公司成立后通过自身努力成就了开发利用条件而取得的增值利益，因而对事后评估的采矿权价款不用另行支付。

4. 需要说明的问题

（1）对于该事实认定，应当理清四个法律概念：

一是采矿权价款与可采储量资源的产权。交纳采矿权价款是取得采矿权的前提，采矿权属于行政许可权利。采矿许可证取得后，因支付了采矿权价款，而取得采矿权所指向的全部储量资源的产权及收益权。这是对应关系。可采资源储量的产权属于物权，归采矿权人所有，可以转让。本案中，原国有吴村煤矿交纳了采矿权价款，便享有了采矿证有效期内相应储量资源的产权和收益权。

二是概况性继受。就是在企业整体改制中，凡是没有明确约定剥离的债权债务和资产负债，转让人应当全面移交，受让人必须全部承接。这是从立法上来保证改制事项的完整性和无遗漏，其目的是全面保护债权人的利益。本案中，吴村煤矿享有采矿证有效期内剩余储量资源的产权，虽然因煤矿被批复报废，未作评估，没有合法的价值，但作为财产是存在的，属于龙田煤业承接的内容。因此，"国有吴村煤矿当时未将剩余储量资源转让给受让方"的观点是错误的。

三是报废资产。报废资产不是有效资产，不具有评估合法性，因而不能评估。资产报废后，不产生增值利益，但不影响产权人对其享有合法的所有权。

四是财产的增值利益归产权人所有。本案中，改组协议生效前，原国有吴村煤矿对剩余储量资源享有产权，但因被批复报废事实的存在，使其无法享受收益权，也无法享有评估时的增值利益。改组协议生效后，新公司龙田煤业继受该产权。龙田煤业公司依据省煤炭工业局同意开采非保安煤柱的批复，重新申报矿产资源开发利用方案，获得了备案，这时剩余储量资源无法合法开采利用的条件已消除，其享有资源的增值利益是合理正当的。

论证意见形成后，我们及时呈送了F县检察院公诉科、市检察院公诉处、市检察院主管公诉的副检察长、检察长。

由于该渎职案件涉及县（处）级干部且数额巨大，市检察院两级公诉部门高度重视，派出精干力量，对相关事实和证据进行核实。

市检察院公诉处同样是全省的先进集体。该处检察官个个作风过硬，业务精湛，正义感极强。据说，主管公诉工作的副检察长亲自坐镇，听取案件汇报，指导证据审查，着实让人感动。

证据核查工作有序进行，相关事实的定性逐渐清晰。

关于"采矿转让价款500余万元应否补缴"问题，由于发生在新公司成立后，与改制时的原政府领导没有关系，且已超过了追诉时效。

关于"矿产权价款2300万元核减是否违法"问题，经查阅文件资料和走访职能部门，认为评估结论明显错误，双方的协商结果没有致使国资流失。

关于"经营净利润4300余万元应否上缴"问题，认为"净利润"不是"净资产"，现有数据不准确，应补充审计。

12月30日，集团公司法律事务部综合分析案件进展后，认为时机已经成熟，应当果断出击，为公诉部门提供强有力的证据审查意见，毕其功于一役，希望彻底终结案件。

于是，向办案单位提交了《申请书》（附全文），请求公诉部门依法审查。

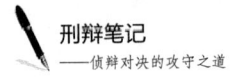

申 请 书

F县人民检察院：

贵院在对政府领导涉嫌玩忽职守罪一案侦查过程中，就相关事实对巨龙集团公司原董事长杜鹏飞进行了调查询问。

关于审计确认的评估基准日至新公司成立期间的"经营净利润"应否上交政府问题，我们认为：国发办〔2005〕60号、财企〔2002〕313号的明确规定是"自评估基准日到公司制企业设立登记日的有效期内，原企业盈利而增加的净资产，应当上缴国有资本持有单位……"这里的规定是"原企业盈利而增加的净资产"，不是所谓的"经营净利润"。通俗的理解应当是：以评估基准日的净资产为基数，在此期间的经营净利润为增加项，未使固定资产增值的实际支出（投入）为抵减项。如果增加项大于抵减项，形成净资产；如果抵减项大于增加项，则形成负资产。

为此，巨龙集团责成子公司龙田煤业委托会计审计机构对在此期间影响净资产的抵减项因素进行了专项审计。审计结果为：在此期间，发生额合计为44 146 579.36元。

除此之外，至少还有四项内容应当扣除：一是在此期间计入程村矿井在建工程的各项管理费用；二是在此期间国有吴村煤矿与巨龙集团公司形成的负债；三是在此期间政府承诺的对井筒巷道维修维护的补偿费；四是由于国有吴村煤矿的原因致使新公司成立后支付的费用，如补缴的税务罚款、已完工程的欠款、职工家属院土地款、更换没有"煤安"标志设备的费用和开支等等。

因此，作为利益相关方，特向贵院提出如下申请：

1. 请贵院审核国发办〔2005〕60号、财企〔2002〕313号文能否作为本案定罪的依据。

第一，该项规定是为了规范企业公司制改建过程中涉及的国有资本管理和财务处理行为，但本案属于国有企业整体改制（注：是民营企业对煤矿资产的整体收购，不是含有国资成分的股份制改造），改组协议生效后，"国有资本全部退出"（注：系改组协议第3

15. 侦诉分歧：移交审判

条规定），不需要进行国有资本管理和财务处理；第二，该项规定中应当上缴国有资本持有单位的是"原企业盈利而增加的净资产"，不是"经营净利润"；第三，该项规定中上缴的主体是"国有资本持有单位"，本案改组协议生效后"国有资本全部退出"，政府不再是"国有资本持有单位"。

2. 请贵院审核龙田煤业提供的专项审计结果、管理费用等数据的真实性，必要时可由侦查部门委托的审计机构对上述数据进行补充审计。

3. 请贵院审核本申请书中所述的项目和数据是否属于影响净资产的抵减项。

4. 请贵院审核在侦查部门委托的审计期间内存在不同管理主体的情况下，对该期间内的净资产（盈利）状况进行审计是否合理。

第一，该审计期间包括协议生效日、资产交接日等关键时间节点；第二，评估基准日至资产交接日，由国有吴村煤矿（政府）管理，资产交接日至新公司成立，由收购方管理；第三，协议生效后，转让价款数额已有明确约定，"国有资本全部退出"，此后的净资产（盈利）归转让方是不公平的。

5. 请贵院审核侦查部门对净资产（盈利）的审计结论（包括补充审计）既不是资产评估结论，也不是司法鉴定结论，能否作为刑事证据使用。

第一，财务审计报告不是刑事诉讼证据的种类；第二，"净利润"可以审计，但"净资产"应当评估，且须由具备司法鉴定资质的机构作出。

6. 请贵院审核侦查部门认定渎职犯罪的事实证据是否达到了确实、充分的程度。

深圳市巨龙实业集团有限公司法律事务部
二〇一六年十二月三十日

该审查建议步步为营，环环相扣。死结无法打开，因为关键证据客观上已无法取得。现有证据不能证明原政府领导构成玩忽职守罪，巨龙集团也无须退赔巨款，审查建议得到了公诉部门的认可。

然而，事情没有想象的那么顺利。

据说，公诉部门坚持不起诉意见，与侦查部门形成巨大分歧，双方激烈争辩，陷入僵局。

另悉，侦查部门由于承办案件的定性受到质疑，怀疑辩护律师从中作梗。声称要适时对辩护律师立案追究，再次剑拔弩张。

之后，该争议提交市检察院检察长办公会。检察长会议在平衡各方观点，综合考虑后决定：仅将"经营净利润4300余万元应否上缴"问题中的"3800余万元"移送法院，由法院依法审判。

显然，案件证据是不充分的，长期羁押犯罪嫌疑人也显得不合适。

2017年1月22日，农历腊月二十五，涉嫌玩忽职守罪的原政府副市长被取保候审。同日，据说杜鹏飞的边控措施也被撤销。

侦辩交易：侦查施压

> 律师悄悄话：本案贪污罪不成立已经成为共识，但侦查部门不会轻易撤案。通常来讲，他们会以继续侦查为由，让犯罪嫌疑人自认一些违法行为，或者通过施压相关单位出具材料，证明犯罪嫌疑人取得了不当利益。当犯罪嫌疑人自认违法或者自愿退赔后，侦查部门不仅消除了被控告的顾虑，而且证明了案件侦查的成效。这是司法体制中的顽疾，这方面律师很难有所作为。犯罪嫌疑人是否坚持无罪，相关单位能否顶住压力，只有天知道。

杜鹏飞在取保候审期间，多次向Y县检察院提出撤销贪污案件的申请，县检察院请示市检察院反渎局后回复：贪污罪虽不成立，但杜鹏飞还可能涉嫌其他犯罪，侦查没有结束，案件不能撤销。

春节期间，杜鹏飞通过辩护律师向市检察院检察长提出了撤销贪污案件的申请，检察长高度重视，亲自督办。侦查部门却坚持认为，深圳巨龙集团公司涉嫌单位行贿线索在A市检察院，杜鹏飞的贪污案件不能撤销。

针对侦查部门的不撤案理由，焦占营律师和他的团队多次奔赴安阳调查了解情况。A市检察院最终回复是：省纪委移交的相关领导受贿案件中没有深圳巨龙集团公司行贿的线索，而且该案件已移

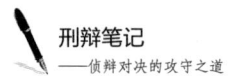

送法院审判了。

侦查部门以杜鹏飞涉嫌其他犯罪的借口,终未证成。随后,侦查部门又回复辩护律师,相关政府领导渎职犯罪造成了国有资产损失,巨龙集团公司应当退赔,撤销贪污案件为时过早。

贪污案件与渎职犯罪案件中的损失有什么关联?焦占营律师疑惑。侦查部门的回复理由,让这位省内著名法学教授颇为困惑。

3月21日,Y县检察院检察长受市检察院主要领导指派面见杜鹏飞。交谈中,检察院提议对案件中涉及问题一并解决,具体包括巨龙集团公司与政府的账目来往问题、政府领导渎职犯罪损失争议问题。杜鹏飞同意这一提议,请求检察机关出面协调政府。这次交谈,初步达成了一致意见。

3月23日,市检察院反渎局却向共城市政府提出检察建议,要求政府责成法律顾问团队就煤矿改组和煤化工项目协议书进行论证,重点分析改组协议效力和收回煤矿的可行性。反渎局侦查人员态度非常强硬,同时提出,共城市政府要以巨龙集团拖欠转让价款为由向侦查部门提出继续冻结银行存款的申请。对此,共城市政府不敢怠慢,及时安排市工信局全面调查改制细节和涉案情况。

显然,反渎局是在一意孤行,蒙眼狂奔。其检察建议与市检察院主要领导的协调意见存在重大差异。侦查部门意图凭借刑事侦查权否决煤矿改制行为,直接干预双方的经济纠纷,市检察院主要领导的协调意见被架空,被搁置。

5月1日,取保候审已整整11个月。杜鹏飞委托辩护律师面见侦查部门及相关领导,再次问及解除强制措施和撤销案件事宜。

据说,侦查人员的态度有所缓和,但条件苛刻。他们提出,如果杜鹏飞承认单位行贿事实,只需签字确认,即可撤销案件,或者按不起诉处理。他们还表示,对于原政府领导渎职案件的损失问题也将不再干预,由法院依法判决。

在随后将近一个月时间里,杜鹏飞陷入两难境地。如果承认单位行贿,不仅不是事实,而且会给集团公司声誉造成极坏的影响,后患无穷。如果不承认单位行贿,则将意味着侦查继续,强制措施要保留，法院的依法审判可能会被干扰。

在经历了数个不眠之夜后，杜鹏飞决定：相信法律，实事求是。

他让辩护律师转告侦查人员：单位没有行贿，个人没有行贿，羁押时的供述全是事实，不会改变！

至此，反渎局侦查人员继续施压，并认为：

一、政府现任领导迫于压力，会及时出具政府所受损失的证明和继续冻结银行存款的申请，以此达到坐实原政府领导的玩忽职守罪并划拨银行存款的目的。可惜的是，作为一级人民政府，公函的出具要走法定流程。任何领导和工作人员未经职能部门调查和集体讨论研究，是无法出具加盖政府印章的书面材料的。

二、杜鹏飞担心案件无止境，生意受影响，会主动承认较轻罪行，以此终结贪污案件的侦查，从而掩盖其违法侦查事实。让侦查人员想不到的是，杜鹏飞竟然说出了两个字：不行！可见，没有事实的公权威胁，并非可以让任何人就范。

双方底牌已经亮出。等待，只有等待。杜鹏飞在祈祷，律师在守候。

17 压力升级：诈骗起诉

> 律师悄悄话：侦查部门让犯罪嫌疑人自认单位行贿，以此终结贪污案件的提议被拒绝后，面临极其难堪的局面。一则贪污罪的立案侦查错误将水落石出；二则47天人身自由的限制可能带来国家赔偿。实事求是地讲，侦查部门在这个时候如果能够及时纠错，极有可能被理解和谅解。但他们没有这样做，而是作出了一个更为可怕的决定：终结贪污罪侦查，按诈骗罪直接移送起诉！

5月11日，杜鹏飞接到北京来电：88岁的岳母病重！当日，杜鹏飞履行了请假手续，立即赶往北京昌平。

5月23日，Y县检察院发出传讯通知，要求杜鹏飞次日下午3点接受讯问。当晚，杜鹏飞在重病的岳母床前守了整整一夜。

5月24日一大早，杜鹏飞泪别岳母，乘车赶往河南。下午2点30分，他提前赶到指定地点候审。

讯问是严肃的。全程录音录像，说是综合讯问。可三个多小时的讯问内容竟然都是一些煤矿管理的细节和认识不认识某个省级领导，杜鹏飞百思不得其解。讯问结束后，他被告知，近期不得请假，随时接受讯问。

5月25日，律师们赶来了，杜鹏飞进行了全面咨询。反渎侦查人员的所作所为、一言一行，让人无法理解。一而再，再而三的施压，到底是为了什么？

5月26日，杜鹏飞被再次传唤到案。Y县人民检察院宣布杜鹏飞涉嫌贪污案侦查终结，以诈骗罪移送起诉审查。

诈骗罪？怎么又成了诈骗罪了？杜鹏飞惊讶，律师不解。

5月30日，律师团召开会议。

与会律师听取辩护律师意见后，果断作出判断：诈骗罪犯罪主体存在常识性错误，系故意而为。这是一起新的假案，侦查部门意图逼迫嫌疑人自认单位行贿，掩盖制造贪污假案和违法侦查的事实。于是，靳万保律师就犯罪主体问题出具了法律意见书，要求立即终结对杜鹏飞诈骗罪的刑事追诉。

杜鹏飞不是本案诈骗犯罪的主体

Y县人民检察院：

河南佑祥律师事务接受杜鹏飞的委托，指派我作为其涉嫌诈骗罪一案的辩护人。通过查阅案卷和与委托人沟通，对本案的事实有了清楚的认识，现提出独立的辩护意见。

我们的辩护意见是：杜鹏飞虽为龙田煤业的董事长，但是其职责是管理董事会，对公司的具体事务没有管理职责。因其不是公司法定代表人，不是采矿权转让（注：认定的犯罪事实）的主管人员，也不是直接责任人员，故不是单位诈骗的犯罪主体。

理由如下：

1. 杜鹏飞虽然是当时龙田煤业的董事长，同时也是当时巨龙集团公司的董事长、总经理

董事长杜鹏飞应当对龙田煤业董事会负责，对集团公司董事会和集团公司日常管理负责，但对龙田煤业的日常管理是没有职权的。

2. 杜鹏飞不是龙田煤业公司的法定代表人，龙田煤业的法定代表人是副董事长董某

副董事长董某作为龙田煤业的法定代表人，应当负责公司的对

内、对外事务。他是公司对外事务的领导者和执行者，公司对外合同均由其盖章或者签字，对外事务直接代表着公司。侦查单位对此是明知的，却在起诉意见中将杜鹏飞的身份写成"法人"，显然是在故意误导公诉审查人员。

3. 巨龙集团对控股公司龙田煤业高管分工有明确的授权

董事长杜鹏飞没有参与龙田煤业公司的内部分工，而副董事长兼法定代表人董某则被授予了全面管理职责。如"经公司董事会议研究决定，任命董某同志为深圳市巨龙实业有限公司副总经理，主持河南项目的全面工作（详见深潜人字［2005］第003号文件关于董某同志任职决定）""完善新公司营业执照和相关证照的变更手续（详见深潜发［2006］第006号文件关于成立共城市龙田煤业前期辅导工作领导小组的决定）"等等。可见，本案中办理采矿权转让过户这样的事情，根本不属于杜鹏飞的职责范围。法定代表人董某在调查中的证言"后期吴村煤矿开始改制了，整个深圳巨龙在河南的业务都由我负责了（详见证据卷68页）"也证明了这一点。

4. 杜鹏飞不是本案中采矿权转让过户的直接经办人员，也不是直接负责的主管人员，且对办理该事项毫不知情

董事长杜鹏飞没有也不可能参与采矿权转让过户工作，事前、事中、事后他根本不在河南（详见集团公司行政秘书关于当年行程安排的详细记录），侦查部门也没有证据证明杜鹏飞对采矿权转让过户是知悉的。董某证言："老吴村煤矿的公章由办公室主任白某保管。龙田煤业公司成立后，白某又成为龙田煤业办公室主任，龙田煤业的公章也是由他保管。"（详见证据卷82页）卢某证言："（公章）是由龙田煤业办公室负责的，当时龙田煤业的办公室主任是白某，有时候我也跟着他跑跑，但我在龙田煤业没有职务。另外当时的副矿长梁某也协助做这方面的工作。"（详见证据卷87页）

因此，在没有直接负责的主管人员和其他直接责任人员到案，且无证据证明杜鹏飞参与并知悉的情况下，直接将杜鹏飞作为单位犯罪的主体，属于明显错误。

综上所述，应当立即终结对杜鹏飞诈骗案的刑事追诉。

河南佑祥律师事务所律师　靳万保
二〇一七年五月三十日

6月30日，Y县人民检察院公诉科审查后，将杜鹏飞涉嫌诈骗案退回侦查部门补充侦查。

9月6日，焦占营律师出具了《法律意见书》（附全文）。

关于杜鹏飞不构成贪污罪、诈骗罪的法律意见书

根据法律规定，河南路德律师事务所接受贪污、诈骗案嫌疑人杜鹏飞的委托，指派执业律师焦占营担任杜鹏飞的辩护人，并就其在原共城市吴村煤矿改制中的行为是否构成贪污罪、受贿罪出具法律意见书。

辩护人出具法律意见的依据是委托人提供的证据材料、从办案单位Y县人民检察院复制的证据材料，以及从当事人、办案单位处所获知的案件基本信息。经论证分析，辩护人认为杜鹏飞在原共城市吴村煤矿改制中的行为不构成贪污罪、诈骗罪。现出具法律意见如下：

一、杜鹏飞案件基本情况

2015年5月，Y县反渎局对原共城市吴村煤矿改制情况展开调查，2015年6月26日，对投资人巨龙公司原法定代表人杜鹏飞以涉嫌贪污立案侦查，9月份，对杜鹏飞采取刑事拘留措施并网上通缉。

2016年4月16日，为澄清吴村煤矿改制真实情况、还原事实，杜鹏飞董事长积极回国投案。4月17日，Y县反渎局对杜鹏飞指定居所监视居住，5月17日，对杜鹏飞刑拘并羁押于F县看守所。

2016年6月2日，杜鹏飞被取保候审，2017年6月1日，因取保候审期限届满解除取保候审。

Y县反渎局经过两年多的反复侦查，并未发现杜鹏飞贪污的事实，而且杜鹏飞作为民营企业家不符合贪污罪的主体身份。2017年

5月25日，Y县反渎局又以杜鹏飞在2006年程村矿井改制期间涉嫌诈骗犯罪移送审查起诉。期间被退回补充侦查，现再次以诈骗罪移送Y县检察院审查起诉。

二、杜鹏飞不构成贪污罪

杜鹏飞作为原巨龙公司法定代表人，不具备贪污罪的主体身份。

杜鹏飞曾任巨龙公司的法定代表人，非国家工作人员，不符合《刑法》第382条第1款规定的"国家工作人员"身份。而且从未接受委托管理、经营国有财产，不符合《刑法》第382条第2款规定的"以国家工作人员论"身份，即"受国家机关、国有公司、企业、事业单位、人民团体委托管理、经营国有财产的人员"；也不符合《刑法》第382条第3款规定的"与前两款所列人员勾结，伙同贪污的，以共犯论处"的共犯身份。

此事有各种文件和票据记录、审计报告证明杜鹏飞没有贪污行为。在贪污罪没有说法的情况下，Y县检察院提出杜鹏飞构成诈骗罪并移送审查起诉。

三、杜鹏飞在改制中的行为不构成诈骗罪

Y县反渎移诉［2017］1号《起诉意见书》列，杜鹏飞作为改制后龙田煤业董事长，安排人员提供2006年7月27日《吴村煤矿采矿权转让补充协议书》，该协议书对吴村矿井采矿权转让价款504.41万元虚构为"共城市国资局在收取吴村煤矿的全部转让价款时已代收该部分价款，龙田煤业可不再另行支付"，通过欺骗手段将该项国有资产予以隐瞒后据为改制后的龙田煤业所有。

据此认为杜鹏飞涉嫌诈骗犯罪。

（一）杜鹏飞没有实施以非法占有为目的，虚构事实、隐瞒真相，通过欺骗手段将国有资产504.41万元予以隐瞒，为改制后的龙田煤业所有的行为

1. 杜鹏飞没有非法占有吴村矿井采矿权转让价款的故意，签订矿权转让协议是吴村煤矿被转让后的企业内部运行行为，不存在欺诈故意

龙田煤业向河南省国土资源厅出具《吴村煤矿采矿权转让补充

协议书》等资料的目的是为了履行 2006 年 1 月 26 日签订的《共城市吴村煤矿改组和煤化工项目协议书》第二章"产权转让与改组"的约定，将吴村煤矿名下的矿产采矿权过户至龙田煤业名下。

共城市政府与龙田煤业在《共城市吴村煤矿改组和煤化工项目协议书》中约定了吴村煤矿总转让价款后属于整体转让改制，转让后变更吴村矿井的采矿权名称是依据转让合同办理的具体事务。但是，按照矿产行政主管部门的要求，采矿权的转让通常要有矿权交易合同及转让价款等相关手续，吴村煤矿是整体转让，相关转让手续已经履行完毕，龙田煤业为顺利将采矿权过户至自己名下，只能采用变通方式，提供了《吴村煤矿采矿权转让补充协议书》等资料，这样，龙田煤业就不必重复支付矿井、土地和采矿权转让的价款。因此，吴村矿井采矿权变更属于吴村煤矿转让后的企业内部运行行为，不存在对共城市政府的欺诈故意。

2. 在吴村矿井办理采矿权过户过程中，杜鹏飞没有实施虚构事实、隐瞒真相的行为

（1）2003 年 11 月 1 日，吴村煤矿报废并核销生产能力是客观事实且发生在改制之前。2003 年 12 月 1 日，河南省煤炭工业局豫煤规[2003] 650 号发文同意吴村煤矿矿井自 2003 年 11 月 1 日起报废并核销生产能力。

吴村煤矿早已报废并核销生产能力，共城市政府、改制领导小组（含各成员单位）、收购方、被收购方是知情的。2003 年 12 月 1 日，河南省煤炭工业局根据卫河市经济贸易委员会提出的《关于共城市吴村煤矿矿井报废的请示》（新经贸［2003］246 号），提出核销吴村煤矿生产能力的原始报告，即《关于对辉县吴村煤矿矿井报废（核销生产能力）的批复》。河南省煤炭工业局核销吴村煤矿的生产能力的批复，是因吴村煤矿始建于 1969 年，经过几十年的开采，"可采储量 1238 万吨，实际采出量 1190.5 万吨，目前保有储量已近枯竭"，依据吴村煤矿矿井报废专家评审意见，作出的合法、有效的具体行政行为。

同时，吴村煤矿核销生产能力，并不意味着彻底报废，仍可以

回收部分设计煤柱,达到节约资源、物尽其用的目的。豫煤规〔2003〕650号批复文第三条明确记载,报废后固定资产的处理,"对应回收的设计煤柱资源尽量回收。井田内东部原涉及煤柱尚有587万吨的储量,应采取措施予以回收"。所以,改制后龙田煤业申请主管部门批复办理采矿权主体变更是合理、合规。

(2) 根据河南中兴会计师事务所豫兴评报字〔2005〕第11036号资产评估报告,吴村煤矿改制转让时河南中兴会计师事务所出具的资产评估报告披露,矿权评估公司未对吴村煤矿井出具矿产资源评估报告是客观事实。这一事实改制领导小组是知情的,评估报告内容也是集体研究通过的,没有评估吴村矿井的根本原因在于吴村矿井已经于2003年11月1日起报废并核销生产能力,不具备评估的价值。

资产评估会计师事务所副总证明,"我们向改制领导小组汇报过多次,至少5次以上,汇报的每项重大问题有改制领导小组拿出确定意见后,我们才写进评估报告中",市长王某、市委书记贾某二人"最后决定对吴村矿井采矿权价值不列入改制资产范围,待改制后根据实际年开采量逐年给共城市政府上报"。

共城市政府没有对吴村矿井纳入资产评估是共城市政府在签订吴村煤矿改组合同前,已经清晰地认识到吴村矿井没有资产价值,共城市人民政府在与深圳市巨龙实业集团有限公司签订吴村煤矿改组协议书第2、3条已经将吴村煤矿的两个矿井即吴村矿井、程村矿井的资产、土地等有价资源纳入转让改制的范围。吴村煤矿(含程村矿井)转让后,名称变更为共城市龙田煤业,因此,龙田煤业使用吴村煤矿的名称根本没有隐瞒真相、虚构事实的任何情况。

(3) 河南金石资产评估师事务所于2004年7月31日出具的《共城市吴村煤矿采矿权资产评估报告书》在2005年中兴资产评估报告出炉前已经失去资产评估效力。河南金石资产评估师事务所2004年7月31日出具的《共城市吴村煤矿采矿权资产评估报告书》是客观的。但是,到2005年11月7日,河南中兴会计师事务所出具资产评估报告时,河南金石资产评估师事务所2004年7月31日出具的《共城市吴村煤矿采矿权资产评估报告书》已经失去了评估价值,根据资产评估的一般规则,资产评估报告的效力从评估基准日开始1年内自动失去效力。

吴村煤矿采矿权评估报告的基准日为2004年6月30日,时至2006年吴村煤矿转让时,504.41万元的资产评估报告已经失去效力。

3. 杜鹏飞没有骗取公私财物,吴村矿井采矿权不具有诈骗犯罪财产对象属性

诈骗罪的犯罪对象通常是他人的公私财物。2006年1月26日共城市人民政府和深圳巨龙签订的《共城市吴村煤矿改组和煤化工项目》第7条明确约定,根据评估报告,在评估基准日,煤矿的资产总额为57 073.4133万元,扣除负债21 711.98万元,煤矿净资产35 361.4333万元,按照政策等剥离后净资产为14 708.9434万元。

可见,吴村煤矿的净资产已包含吴村煤矿(含吴村矿井和程村矿井)所有采矿权价值,龙田煤业给付共城市政府有关吴村煤矿的转让价款中就包含了吴村煤矿所有采矿权价款。

龙田煤业与吴村煤矿2006年7月26日签订吴村煤矿西区部分采矿权协议与补充协议时,转让的是吴村煤矿的采矿权,这项权利在共城市人民政府在与深圳市巨龙实业集团有限公司签订吴村煤矿改组协议书中已经约定转让,因此,吴村煤矿的采矿权转让不具有诈骗犯罪的财产对象属性。

(二) Y县反渎局《起诉意见书》描述的是龙田煤业的"单位诈骗",却得出一个牵强、生硬的杜鹏飞"个人诈骗"的结论。是适用法律错误

(1)《起诉意见书》认定"杜鹏飞作为改制后龙田煤业董事长,通过欺骗手段将该项国有资产予以隐瞒后据为改制后的龙田煤业所有",以此作为杜鹏飞涉嫌诈骗的基本事实,很显然是在适用1996年12月16日最高人民法院(法发〔1996〕32号)司法解释规定,"单位直接负责的主管人员和其他直接责任人员以单位名义实施诈骗行为,诈骗所得归单位所有"的构成诈骗罪。该司法解释虽未明文

废止,但 1997 年《刑法》生效后,大部分解释条款被两高《关于办理诈骗刑事案件具体应用法律若干问题的解释》(法释〔2011〕7号)所取代,单位诈骗的相关规定实质被废止。

根据 1997 年《刑法》第 30 条对单位犯罪的规定,法律规定为单位犯罪的,应当负刑事责任。1979 年《刑法》没有规定诈骗罪可以成立单位犯罪,因此,单位诈骗的相关规定实质已于 1997 年《刑法》的规定相冲突。

(2) 现行《中华人民共和国刑法》自 1997 年 10 月 1 日起施行以来,虽经 9 次修正,但诈骗罪的主体一直是"一般主体,即凡达到法定刑事责任年龄、具有刑事责任能力的自然人"才能构成本罪,单位不构成本罪。包括《最高人民法院最高人民检察院关于办理诈骗刑事案件具体应用法律若干问题的解释》(法释〔2011〕7号),也未规定单位诈骗的情形。

本案的全部行为都是以龙田煤业和吴村煤矿的名义实施的,上述两个主体都是单位,因此,龙田煤业和吴村煤矿都不符合诈骗罪构成的主体条件。

(3) 杜鹏飞的主要身份是投资人,是董事但不是直接负责人。吴村煤矿改制谈判过程中是由深圳巨龙公司组建的团队运作的,由深圳巨龙公司聘请原共城市审计局局长董某为巨龙公司副总经理,主持河南项目的全面工作。原共城市委书记贾某证实,"我们共城市政府当时也考虑想让我们本地人,特别是公职人员进入到吴村煤矿,对改制企业职工稳定,改制过渡期一些问题的协调会起到一定的促进作用",杜鹏飞聘用董某正合"我们市政府的心意"。

改制协议签订后,龙田煤业在 2006 年 7 月 27 日办理采矿权过户过程中的行为,更多是龙田煤业董某代表公司、为公司利益前往河南省国土资源厅办理过户的行为,这也是龙田煤业积极履行 2006 年 1 月 26 日《共城市吴村煤矿改组和煤化项目协议书》第二章"产权转让与改组"约定。杜鹏飞本人根本没有参与上述吴村煤矿采矿权主体变更的任何行为,因此,指控投资人杜鹏飞个人涉嫌诈骗是错误的。

四、对杜鹏飞诈骗案依法作出无罪不起诉决定,符合中共中央、国务院《关于完善产权保护制度依法保护产权的意见》等文件精神和最高法院当下处理涉及民营企业财产的司法要求

2016年11月4日,中共中央、国务院发布《关于完善产权保护制度依法保护产权的意见》强调:"我国产权保护仍然存在一些薄弱环节和问题,解决这些问题,必须加快完善产权保护制度,依法有效保护各种所有制经济组织和公民财产权,增强人民群众财产财富安全感,增强社会信心,维护社会公平正义。"

2016年11月29日,最高人民法院发布《关于充分发挥审判职能作用切实加强产权司法保护的意见》和《关于依法妥善处理历史形成的产权案件工作实施意见》。意见强调:"坚决防止把经济纠纷当犯罪处理,坚决防止利用刑事手段干预经济纠纷。对于招商引资、政府与社会资本合作等活动中与投资主体依法签订的各类合同,不得因政府换届、领导人员更替而违约毁约侵犯投资主体的合法权益等等。"

综合分析全案证据材料,现有证据既不能证明杜鹏飞涉嫌贪污罪,也不能证明杜鹏飞涉嫌诈骗犯罪。

出具人:河南路德律师事务所律师　焦占营
二〇一七年九月六日

9月8日,第二次退回补充侦查。

9月28日,国庆节前夕,第二次补充侦查完毕,案件已移交案管中心。

18 滥权惊天：高层震怒

> 律师悄悄话：侦查部门再次编造犯罪嫌疑人虚假"法人"身份，移送起诉其诈骗罪的严重违法行为，震惊了国家高层。朗朗乾坤，岂容法律滥用！国家最高法律监督机关发出案件督办令，河南省人民检察院专案组成立，个案监督、规范执法活动迅速展开。作为执业律师，到底应该替违法违纪的司法人员惋惜，还是应该为招致牢狱的当事人庆幸？侦查人员如此执着地错上加错的真正原因到底是什么？

杜鹏飞涉嫌诈骗罪一案被移送起诉审查后，可以说，杜鹏飞和律师团律师已经到了"山穷水尽"的地步。

对杜鹏飞来讲，如果自认一些不存在的行贿事实，不仅名誉受损，而且牵连他人，实属不仁不义，愧对良心。如果诈骗罪指控成立，与之前的"贪污罪"一样，会面临十年以上刑罚，直至无期徒刑。任何一个选项，都是身败名裂。

对律师团律师来讲，不仅合法、正当的辩护权被限制，而且长期陷入被刑事立案的警告和威胁之中，律师声誉受到了严重影响，已无退路可言。

尽管如此，作为执业律师，我们还是寄希望于侦查部门自行纠错，在没有确凿证据证明其犯罪动机的情况下，不建议在侦查阶段进行投诉和控告，避免案件复杂化，或者招致更严重的报复。

乌云遮不住太阳，世事自有公道。整个事件过程已是众所周知的了，侦查部门以虚假的贪污罪立案，关押杜鹏飞47天。取保候审期间，多次逼迫杜鹏飞自认不存在的行贿事实。被拒绝后，再次以诈骗罪移送起诉审查，其真实意图是掩盖之前的非法行为。这种明显违法犯罪的行为，最终激起了众怒。这种激愤如狂飙般排山倒海，势不可挡。

多家国内媒体在收集素材，起草稿件、内参。

多名政法老友通过不同渠道在咨询、交流、反映、呐喊。

集团所属企业工会的数千名员工在抗议、声援。

就连检察系统内部的司法人员也表现出了惊讶、愤怒、不满。

2017年8月31日，杜鹏飞含泪给卫河市委书记写了一封信（附全文）。

不要让W市成为第二个大东北！

尊敬的中共W市委书记：

我是W市本地一名普通企业家，向您去信，主要想表达我对W市经济目前面临的严峻形势的担忧。

不知道您有没有注意到近段时间刚刚发生的一件大事，我国著名经济学家林毅夫率领团队为振兴东北制作出了新的研究报告，这份报告指出：东北应该发展轻工业，实现积弊奋起。这个建议在国内经济界引发了很大的质疑。但质疑归质疑，我认为大家都认同的一个严峻事实是：东北不行了。李克强总理也亲口对东北提醒过：不要出现"投资不过山海关"。但事实是，无论是国有资本还是民营资本，都不过山海关了。

这个原因有很多，但其中有一个原因目前看来是得到了广大学界的普遍认同，那就是东北的营商环境太差了。企业家去投资普遍感受不到经营的安全，和市场管理的法治。官员的吃拿卡要，体制上的低效腐败，以及市场政策的朝令夕改，都让企业在那里的经营变得举步维艰。

看到这些，我内心萦绕一个重大的问题挥之不去，结合着W市这几年的发展，我不禁要问：W市会不会成为第二个东北？

　　从2013~2016年，这4年里，W市的国民经济整体出现了颓势。无论是GDP、规模工业增加值，还是民间投资、人民收入，增速都出现了明显的下滑，甚至是负增长。

　　这些数据一目了然。

　　2013~2016年，W市GDP增速分别是：9.5%、9.3%、6.0%、8.3%，几乎是逐年下滑。

　　2013~2016年，W市城镇居民可支配收入增速分别为9.7%、8.5%、8.0%、6.1%，也是逐年下滑。

　　更让人忧心的是另两项关键数据，规模工业增加值和民间投资。

　　在规模工业增加值上，W市2013~2016年的增速分别是：6.7%、3.5%、-0.4%、-8.7%。有两年是负增长，去年跌幅更是达到8.7%那么恐怖。

　　而民间投资的下降，是非常非常值得我们的城市管理者高度警惕的！过去4年，W市民间投资的增速分别是23.1%、22.3%、3.5%、-3.8%。从2013年的大增23.1%，到2016年，竟然变成了下跌3.8%！四年时间，从双位数增长到负增长！相差27%！

　　为何短短四年，民间投资的积极性出现了如此大的重挫?!是我们的经济结构出了问题，还是我们的营商环境出了问题？要知道，民间投资是W市经济活力的来源。把过去几年W市国有企业表现很差的经营业绩摆出来，就更能反衬民间投资的重要性。

　　我认为，是我们W市的营商环境出了大问题。我一直认为，我们W市历来的政府都是务实肯干，尽管我们无法仿效珠三角、长三角那样建立起更加高效的市场机制，但也绝不至于落后到大东北那样的营商环境。但这几年，政府对企业家的行为，让我深为忧虑。

　　拿最近龙田煤业的例子来说，我认为它突出反映了政府对待民营企业家的态度，和往昔相比出现了很大的倒退。龙田煤业是当初W市招商引资引入的民营企业，当初接收了债务和所有的职工，并且成功地提升了经营效益，连续多年成为W市的纳税大户。而政府

18. 滥权惊天：高层震怒

却在没有确凿证据的情况下，针对龙田煤业的实际控制人杜鹏飞展开国际追逃。在杜鹏飞回国后，又对其进行超期羁押看守，让其人身安全处于严重的危险之中。更可笑的是，W市检察院对一个民营企业家以贪污罪名立案，实在令人啼笑皆非。而到最近，又听闻，检察部门取消了贪污罪名，转而以诈骗罪名再度立案……

公权力机关这样的做法，不但严重干扰了龙田煤业的正常经营，而且也让杜鹏飞作为一名民营企业家，人身安全和财产安全处在巨大的危险之中。而这些，还都是在证据不足的情况下发生的。

试想，政府如此对待一名每年为W市贡献了1亿元税收的民营企业家。我们W市的民间投资这些年来，之所以出现了如此剧烈的下滑，难道政府就没有仔细地反思过，这和我们对待民营企业家的方式，有非常直接的关系吗？继续这样的趋势下去，我们W市还拿什么去吸引别的民营企业家前来W市投资？他们又怎么还敢前来投资？这种做法，长此以往，真的会毁了来之不易的W市经济的大好形势，而且，公权力对民营企业家的过度侵犯，也严重违反了国家关于要尊重企业家精神、保护企业家人身财产安全的精神！

今时今日，我们W市必须承认，造成W市过去几年经济大滑坡的最重要原因，不是W市的经济结构出了问题，而是我们对民营企业家的不当对待，导致W市的营商环境出现了历史性的大倒退。

如果这样的局面不能够得到尽快的纠偏，W市目前的经济状况极大可能会继续恶化下去（民间投资去年-3.8%的下滑只是一个开始）。到那个时候，W市就真的变成了第二个大东北了，投资不过山海关，也会再加上一个：投资不过W市市！

这是我作为一名民营企业家，对W市政府的殷切期盼！亡羊补牢，为时未晚！

该信件引起了新任市委书记的高度重视，市委督察组负责督办，要求市检察院检察长尽快查明情况，依法处理。

反渎侦查部门连续制造假案的行为，也引起了国家高层的关注。泱泱大国，朗朗乾坤，岂容司法者滥用法律，践踏法制！

早在 2017 年 6 月 13 日，最高人民检察院巡视组便根据领导批示，派员督查。中纪委驻最高人民检察院纪检组、最高人民检察院纪检监察局发出案件督办令。

加密电报发至河南。肩负着全省法律监督职责的检察长拍案而起，专案组迅速成立。连续多日，指挥中心灯火通明，一场规范执法，内部纠察的战役打响了！

2017 年 9 月 17 日，河南省人民检察院纪检监察人员进驻 W 市人民检察院，调卷、走访、问询、调查……

19 最后对决：再次施压

> 律师悄悄话：控告是公民的基本权利。当侦查活动的合法性被调查时，侦查部门对待法律监督的正确态度应当是积极配合，深刻反省。通过收集控告人犯罪线索的方法，逼迫其撤回控告是不可取的。提讯其他在押人犯有严格的规定，侦查人员行使职权时必须程序正当。指控犯罪应当事实清楚，证据充分，恐吓和威胁未必能够让人屈服。非法侦查行为充分暴露了侦查人员的主观恶性，必须得到及时制止。

原W市人民政府副市长、共城市市委书记书记崔某某受贿一案，河南省纪检委调查后移交司法，省人民检察院立案并指定A市人民检察院管辖。由于涉案数额特别巨大，A市中级人民法院作为一审法院进行了审理，暂未开庭。目前，崔某某在A市看守所羁押。

2017年9月21日，Y县检察院反渎局得知W市市委督察组和省检察院纪检组分别查处其干警违法违纪的消息后，火速派出人员到A市看守所提讯崔某某，意图找到与杜鹏飞有关的犯罪线索，以此阻止杜鹏飞的控告。

9月22日，作为崔某某案件的辩护律师，我在会见崔某某时，突然听到这一消息，非常震惊。这是一起全省范围内重大的刑事案件，被告人有可能被判处无期徒刑以上刑罚，提讯应当是非常严格的。办案单位是 A 市人民检察院，为什么 Y 县检察院反渎局人员可以提讯？会不会诱供或者强迫自证其罪？会不会出现加重被告人刑罚的不利结果？

适逢周末，我深感提讯事件的问题严重。为此，我特意向专家学者请教，向司法界前辈咨询。

经综合分析认为：Y 县检察院反渎局提讯在押被告人崔某某事件，可能导致在押被告人崔某某的合法权益受到严重侵害。个中原因是值得探究的，这有可能是一起蓄谋打击控告人杜鹏飞的滥用权力事件。

9 月 25 日，我与助理再次驱车赶往 A 市，会见核实。崔某某陈述：Y 县检察院提讯时调查了与杜鹏飞的经济往来情况，有可能要追究刑事责任。为此，崔某某感到了压力，情绪波动很大。由于这些情况超出了 A 市人民检察院起诉书指控的范围，我便及时向 A 市中级人民法院进行了通报。

返回卫河后，我联系了 Y 县检察院侦办杜鹏飞案件的承办人叶小春，核实其是否参与了提讯。得到肯定答复后，我告诉她，崔某某情绪波动很大，建议自查提讯行为的合法性。她说："不会吧，我们提讯时，他看到 Y 县老家来人，心情很好呀。"还说："杜鹏飞单位行贿案件是 A 市文峰区检察院移交过来的，我们的手续是合法的。"

文峰区检察院移交的？对于相关事实，所谓的"受贿"者崔某某没有被提起公诉，难道"行贿"者杜鹏飞被立案移交了？

必须搞清。

于是，我决定正面强攻，让 Y 县检察院要么拿出立案手续，要么不打自招。当晚，我便起草了《关于核查提讯合法性的律师建议书》（附全文），请求 W 市人民检察院对 Y 县人民检察院提讯行为的合法性进行核查。

19. 最后对决：再次施压

关于核查提讯合法性的律师建议书

W市人民检察院：

　　崔某某受贿一案，系河南省纪检委调查后移交的重大案件。由河南省人民检察院立案，指定A市人民检察院管辖并提起公诉。目前，该案件处在A市中级人民法院的一审审理阶段，崔某某在T县看守所羁押。

　　2017年8月30日，北京市鑫诺律师事务所接受崔某某的妻子刘秋玲委托，指派本律师作为主办律师担任崔某某的辩护人，参加该案件的刑事诉讼活动。由于案件重大，且侦查时间较长，涉及人数众多，案卷多达40余册。因此，本律师向A市中级人民法院提出了延期申请，请求给予不少于一个月的阅卷、会见和必要的调查时间，以保证辩护律师充分行使辩护权。A市中级人民法院同意延期审理，现开庭时间暂未确定。

　　9月22日，本律师在会见崔某某时，发现其情绪波动很大。询问后得知，9月21日Y县人民检察院反渎局人员到看守所对其提讯，非常震惊。9月25日，为稳定在押被告人情绪，本律师再次会见崔某某。崔某某陈述：Y县人民检察院提讯时调查了其与杜鹏飞经济往来情况，有可能被刑事追究。由于这些情况超出了A市人民检察院起诉书指控的范围，本律师向A市中级人民法院进行了通报。

　　为充分保护在押被告人的合法权益，避免对抗审判、自杀等恶性事件发生，确保这一重大刑事案件审判程序的正常进行，本律师请求贵院对Y县人民检察院提讯行为的合法性进行核查，履行监督职责。具体建议如下：

　　1. 请求核查Y县人民检察院提讯在押被告人崔某某的手续是否合法？是否经过办案单位的审批？是否有办案单位人员在场？是否告知了在押被告人？

　　2. 请求核查Y县人民检察院提讯在押被告人崔某某与所承办案件是否有关联？所承办案件是否有明确的犯罪证据？是否有合法的立案手续？

3. 请求核查 Y 县人民检察院提讯在押被告人崔某某的提讯内容是否真实客观？是否存在诱供或者强迫自证其罪现象？是否存在有可能加重在押被告人刑罚的情形？

如有不当之处，请及时自行纠正；如无不当之处，请在 3 日内将核查结果告知本律师，以便本律师做好在押被告人的思想工作。

崔某某案件一审辩护律师　刘建民
二〇一七年九月二十五日

事实证明，侦查部门通过移交诈骗案件起诉审查和收集其他犯罪证据的多种手段，其目的是逼迫杜鹏飞自认行贿事实，来证明两年多的侦查是合法的。但是，这些都是行不通的。因为这些犯罪是不成立的！

事实也证明，侦查人员这种屡试不爽的方法是错误的，国家最高法律监督机关绝不容忍。因为这是违法行为！

又听说，Y 县检察院以重大责任事故罪对侯某提起了公诉，法院对侯某继续采取取保候审措施，后被判处免予刑事处罚。

20 法纪森森：岂可宽恕

> **律师悄悄话**：司法活动中的反常规现象，对执业律师来讲，是能够一眼看穿的。法律标准并无二致，是非黑白一目了然。不要以定性争议为由推脱责任，那会亵渎法律，迷惑大众，害人害己。常识性错误有目共睹，非法目的不可饶恕。我们坚信：违法行为可以掩盖一时，但终究不能掩盖一世。风清气正的社会营造，不仅需要公民学法、守法，更需要司法人员洁身自好，摒弃私利，程序正当，执法公正。

2017年9月19日，纪检监察工作人员外围调查后，向杜鹏飞核查，征询意见。

9月20日，杜鹏飞对相关问题进行了针对性说明。

关于核查情况的说明

河南省人民检察院：

2017年9月19日，纪检监察室就相关问题进行了核查。现将有关事实和法律进行说明，请求贵院予以核实，并依法处理。

一、被控告人构成滥用职权罪，请立案侦查

原控告材料认为：被控告人在明知杜鹏飞不符合贪污罪立案条件的情况下，为获取其他领导干部的犯罪线索，故意编造虚假的杜鹏飞贪污事实，对其实施了网上追逃、指定居所监视居住、刑事拘留、取保候审等侦查措施，致使其被羁押37天，限制人身自由一年，但未获取任何犯罪证据。取保候审到期后，取消了杜鹏飞贪污罪名，却以诈骗罪移送起诉审查，至今被告知不得出国。在此期间，被控告人通过多次方法，逼其承认单位行贿，以换取撤销案件，未果。对此，控告人认为，被控告人故意制造贪污假案，且造成严重后果的行为涉嫌滥用职权罪。后被控告人以诈骗罪移送起诉审查，其真实意图是通过新的假案，拖延办案时间，从而掩盖其制造贪污假案的滥用职权行为。

被控告人吕深秋称：杜鹏飞贪污案件是在查处李某涉嫌玩忽职守罪过程中发现的，属于并案侦查，案件来源合法，且所有强制措施程序均符合法律规定。取保候审到期后，以其涉嫌诈骗罪移送起诉审查，诈骗定性虽然存在争议，但目前仍在审理中。故本案不属于违法办案。

事实上，这是被控告人在欺骗上级纪检监察部门，企图逃避罪责。理由如下：

1. **并案是指刑事案件的合并，不符合立案条件的，不得并案侦查。被控告人以"并案"为由，实则是在欺骗上级**

并案是以每个刑事案件均符合立案条件为前提的。只有在初查后，认为具备了犯罪构成的基本事实和相关证据（或线索），才能立案。立案的标准是基本事实清楚，基本证据确凿。现被控告人以并案为由，来解释其侦查行为的合法性，其实质是在规避纪检监察部门对其立案合法性的审查，属于对上级的欺骗。

2. **杜鹏飞涉嫌贪污明显不符合立案条件，确系假案**

一是当时没有证据证明杜鹏飞具有公职身份。即便是在立案侦查至少半年之后，被控告人取得了其在改制领导小组中担任副组长的"会议纪要"，但该纪要无杜鹏飞签字，无政府授权，也无证据证明其客观上履行了公职；二是当时没有证据证明杜鹏飞实施了占有公共财物的客观行为。自与政府签订煤矿改制协议之日起，直到煤矿改制完成之日止，集团和煤矿的财务资金走向完全是单向的，只有深圳巨龙集团对煤矿的投入，而没有煤矿对集团公司的一丝回报，更没有杜鹏飞本人对煤矿财物的私自占有和处分。

对于上述贪污犯罪构成中的任何一个条件，杜鹏飞都是不具备的。对此，被控告人明知这些事实却并案侦查，明显是在故意制造假案。

3. 市检察院侦监部门曾行使了侦查监督，不予逮捕决定是对贪污定性的否定

杜鹏飞涉嫌贪污案提请逮捕后，市检察院侦监部门依法进行了审查。在法定期间内，作出了不予逮捕决定，随后，杜鹏飞被取保候审。

不予逮捕大致分为三类：一是"不构成犯罪"的不予逮捕；二是"事实不清，证据不足"的不予逮捕；三是"没有逮捕必要"的不予逮捕。根据本案的实际情况，杜鹏飞贪污案应当属于"不构成犯罪"的不予逮捕。但是，由于决定不予逮捕后，侦查部门采取了取保候审措施，而不是立即释放，因此，我们认为，侦监部门可能采取了变通的方法，按照"事实不清，证据不足"决定了不予逮捕。

如果是按照"事实不清，证据不足"决定不予逮捕，这也是侦监部门对该案定性的否定；如果是按照"不构成犯罪"决定不予逮捕，那么，侦查部门就应当立即释放，事后继续采取强制措施，就属于错上加错了。这些情况，在市检察院侦监部门的卷宗材料副卷中应当有真实的记载，以此可以清楚看到侦监部门对该案定性的认识，从而对被控告人的行为作出准确判断。

4. 取保候审届满前，移送起诉时取消了贪污罪名，表明贪污案件因不构成犯罪被撤销，但没有作出任何合理解释

按照法律相关规定，案件侦查终结后有两种结果：一是移送起诉审查；二是撤销案件。移送起诉案件应当作出起诉意见书，撤销案件应当作出撤销案件决定书。而杜鹏飞贪污案件的侦查历时两年有余，却在侦查终结后，既没有移送起诉，也没有撤销案件。对于杜鹏飞因涉嫌贪污而招致的羁押和人身自由限制，没有任何合理解释。显然，严重违反了程序，侵犯了公民权利。

5. **取保候审届满前，移送起诉的诈骗罪既没有立案手续，也没有侦查措施，且杜鹏飞明显不具备该罪的主体资格，也没有实施诈骗的客观行为，被控告人指控其构成诈骗罪纯属凭空捏造**

移送起诉诈骗罪是被控告人故意制造的又一个假案。主要表现在：一是在杜鹏飞贪污案件取保候审届满前，侦查部门以诈骗罪移送起诉审查，这是杜鹏飞没有想到的。在侦查卷中未见立案手续，没有诈骗事实的讯问，也没有采取任何强制措施；二是杜鹏飞不是当时龙田煤业公司的法定代表人，被控告人却在起诉意见书"杜鹏飞身份"中故意捏造了"系法人"这一明显不规范的表述，意图迷惑起诉审查人员；三是杜鹏飞不是被指控事件的直接责任人，不是主管人员，也不是法定代表人，对该指控事件毫不知情，却认定其构成诈骗罪；四是该指控事件发生时诈骗罪中没有单位犯罪，让杜鹏飞承担罪责明显违反了罪刑法定原则。

这些显然不是争议，是被控告人有意通过新的假案将杜鹏飞拖入刑事诉讼程序中，其目的是掩盖贪污假案和非法侦查行为。

6. **自贪污案件取保候审以来，直至诈骗案件起诉后，被控告人明知贪污立案错误，却为了掩盖非法侦查的真相，通过各种方法，劝导杜鹏飞自愿出钱、自认单位行贿，其滥用职权的主观恶意是明显的**

纵观本案，被控告人存在滥用职权的主观意图。表现在：一是明知杜鹏飞不符合贪污罪立案条件，为获取其他领导干部的犯罪线索，公然制造假案，实施网上追逃和国际通缉；二是提请逮捕未获准后，利用取保候审措施，劝导杜鹏飞主动出钱，换取撤销案件；三是以杜鹏飞还有其他犯罪线索，需要继续侦查为由，劝导杜鹏飞自认单位行贿犯罪，换取撤销案件；四是借助诈骗移送起诉，将杜鹏飞置于刑事诉讼程序之中，并以"诈骗虽然存在争议，但目前仍在审理中"为由，拖延诉讼时间，掩盖贪污假案和非法侦查行为。

综上所述，在杜鹏飞涉嫌贪污一案的侦查中，被控告人明知杜鹏飞不具备贪污的主体资格，没有实施贪污的客观行为，却故意错误立案,并实施了网上追逃、国际通缉、指定居所监视居住、刑事拘留等强制措施,采取羁押和其他方式限制杜鹏飞人身自由47天,冻结其公司银行账户1亿元,造成了严重的社会危害后果。侦监部门决定不予逮捕后,在取保候审期间,被控告人以杜鹏飞还有其他犯罪线索,需要继续侦查为由,劝导杜鹏飞自愿出钱、自认单位行贿犯罪。贪污案件撤销后,再次故意编造诈骗假案,将杜鹏飞拖入刑事诉讼程序中,并以"诈骗虽有争议,但目前仍在审理中"为由,意图掩盖贪污假案和其他非法侦查行为。由于现在杜鹏飞贪污案件已经侦查终结,错误立案的事实已经确认,因此,被控告人的行为构成滥用职权罪,应当立案侦查。

二、被控告人构成严重违法违纪,请严肃追究

1. 关于非法羁押人大代表的问题

被控告人吕深秋称,在羁押人大代表侯某之前,履行了人大罢免手续,符合法律程序。

事实上,2016年11月11日对侯某刑事拘留前,被控告人确实履行了人大罢免手续,符合法律程序。而在此之前的5月20日,被控告人周仲夏责令对侯某送交看守所羁押时,却实实在在地违反了法律规定。因为在对侯某作询问笔录时,被控告人周仲夏明知其人大代表身份,却未履行手续。

2. 关于驱逐辩护律师的问题

被控告人吕深秋称,原辩护律师刘建民是本案的证人,与本案有利害关系。

事实上,刘建民作为当时改制时政府方的谈判律师,只是参加了合同签订前不足两天时间的公开谈判,对合同文本进行了合法性审查,没有参与煤矿改制的任何活动。涉嫌的贪污事件应当是在合同签订以后煤矿的管理期间,刘建民律师因为没有参与,当然不是也不可能成为杜鹏飞贪污案件的证人。被控告人叶小春以反侵权渎职局的名义行文告知其"不得担任杜鹏飞的辩护律师",不仅侵犯了杜鹏飞聘请律师辩护的权利,而且侵害了刘建民律师合法正当的执业权利,严重违反了最高人民检察院关于维护辩护律师执业权利的

规定。

3. 关于非法调查省管干部的问题

被控告人吕深秋否认了该事实。

事实上,该事实发生在指定居所监视居住期间。被控告人周仲夏曾拿出省管干部的名单,让杜鹏飞逐一交代,并威逼利诱,百般刁难,严重违反了检察机关办案的组织纪律。按照最高人民检察院关于指定居所监视居住的有关规定,指定居所监视居住的场所应当实施24小时监控。被控告人有义务提供监视居住期间的录音录像,便可一目了然。

4. 关于刑讯逼供、诱供、逼迫自认单位行贿的问题

被控告人吕深秋否认了这些事实。

事实上,刑讯逼供发生在F县看守所羁押期间的一天晚上。大约22点钟,杜鹏飞被拉出监室。在一间讯问室里,被控告人吕深秋指使F县检察院反渎局刘副局长等人对杜鹏飞进行刑讯,时间长达半小时。

诱供事实发生在杜鹏飞被送交看守所羁押之前;指定居所监视居住最后一天。当时,被控告人说:"你有两个选择:A不承认犯罪,进去;B承认犯罪,出来",杜鹏飞选择了A。类似的诱供,不止一次。

逼迫杜鹏飞自认单位行贿的事实发生在取保候审期间,还有诈骗起诉之后,有多次,是通过多人进行的。

5. 关于非法干预法院办案的问题

被控告人吕深秋否认了该事实,据说法院法官也否认了被干预的事实。

事实上,冯某玩忽职守案件的国资损失,可能涉及巨龙集团的退赔问题,因此杜鹏飞是关心的。经了解得知,判断该案国资损失的法规依据是改制过渡期内是否增加了"净资产",而冯某案件现有证据中只有"净利润"的审计结论,明显不能认定造成了国资损失。对此,起诉前公诉部门与自侦部门曾有分歧,起诉后法院也认为,现有证据是不能认定的。由于事关罪与非罪,被控告人吕深秋知道后，派人并亲自到F县法院施加压力，态度极其强硬，于是法院被迫向二审法院请示。目前，该非法干预的压力仍未消除。

综上所述，被控告人在办案过程中，实施了非法羁押人大代表、非法限制律师执业权利、非法调查省管干部、刑讯逼供和诱供、非法干预法院审判等多项违法违纪行为，严重影响了检察机关的良好形象，应当严肃追究。

二〇一七年九月二十日

人间正义在，法纪不容情！

我们相信，专案组凭借雷霆之势，必将迅速查清上述问题。

事实上，司法活动中的反常规现象，对执业律师来讲，是能够一眼看穿的。同为职业法律人，法律标准不无二致，是非黑白一目了然。不要深奥晦涩，故弄玄虚，也不要自恃清高，仗势欺人。侦查人员对律师的诋毁、离间、驱逐行为，是最低级的做法，必然激起律师的斗志。违法行为可以掩盖一时，但终究不能掩盖一世。

黑幕撕开，我们会知道谁在作孽。

大潮退去，我们将看到谁在裸泳。

司法应当排斥私利。一旦私欲膨胀，司法成了工具，那么，对社会的杀伤力将是致命的。本案的影响极其恶劣，注定成为全国的典型。最高人民检察院的督办查处，彰显了我国捍卫法治的坚强决心。

30年前刑侦教官的话一直回响在耳边：目标就是罪恶！一枪毙命！那时候，我们会坚决执行。因为国家意识已经扎根心中。

如今，职业转换了，现在是律师。理性告诉我：犯罪嫌疑人是司法权的对象，执业律师应当为他们提供法律服务，保障他们的基本人权。

我只有苦笑了。我和我的律师团队在情感上永远不会接受他们的委托，但我们会坚决捍卫他们享有的辩护权利。也希望侦查部门尊重他们，千万不要像他们对待杜鹏飞一样。

这是一个轮回。他们在限制杜鹏飞辩护权的时候,永远没有想到他们也有需要辩护的时候。

任何人都有获得辩护的权利。善待辩护律师,其实就是善待自己。

审渎职案：折中判处

> 律师悄悄话：原政府领导被以玩忽职守犯罪向法院提起了公诉。构成玩忽职守罪取决于两个方面，一是有无玩忽职守的行为，这是指控和辩护的重点，对于"知道或者应当知道职责是什么"，法官认定时主观性很强；二是有无重大损失，应当以有效的司法鉴定结论为依据，标准是客观的。本案中侦查部门委托审计的"经营净利润"和应当上缴的"盈利而增加的净资产"不是一个概念，有罪指控是难以成立的。缓刑判决，是折中的结果，人自由了，所谓"损失"也未责令退赔。

2017年春节过后，政府原副市长涉嫌玩忽职守一案由F县人民检察院向法院提起了公诉。人、卷一同移交，法院继续采取取保候审，谨小慎微的涉案副市长未被羁押，但拒见任何人。

由于诉讼制度的问题，杜鹏飞和他的公司不是玩忽职守案件的诉讼参与人，因而对该案件的审判进程一无所知。但是，案件处理结果又与他和他的公司密切相关。

与其束手待毙，不如依法维权。4月4日，深圳巨龙集团公司以利益关联方名义，致函F县人民法院，请求认真核查证据，依法办案，不枉不纵。

致 F 县人民法院的函

F 县人民法院：

　　冯某涉嫌玩忽职守罪一案，已由 F 县人民检察院向贵院提起公诉。在该案侦查和起诉审查期间，我集团公司原法定代表人杜鹏飞被告知，冯某涉嫌玩忽职守致使国有资产遭受重大损失，如果罪名成立，我集团公司或者子公司龙田煤业应当退赔。在上述阶段，我集团公司提出了详细的陈述意见并请求核对相关账目，但未收到书面回复。

　　由于该案的审理结果与我集团公司有直接利害关系，为确保案件公正审理，作为关联方，现提出如下意见：

　　检察院认为：吴村煤矿在此期间因盈利而增加的净资产被改制后的私有企业共城市龙田煤业有限公司占有。经审计，吴村煤矿在此期间的净利润为 4300 余万元，扣减吴村煤矿改制资产评估时遗漏剥离的资产 500 余万元，共造成国有资产损失 3800 余万元。

　　对于该认定，我们有三点异议：

一、审计的"经营净利润"与"盈利而增加的净资产"是两个不同的概念，认定犯罪的依据是错误的

　　检察院认定有罪的依据是国发办［2005］60 号文。该文件的具体内容为："自评估基准日到公司制企业设立登记日的有效期内，原企业盈利而增加的净资产，应当上缴国有资本持有单位，或经国有资本持有单位同意，作为公司制企业国家独享资本公积管理，留待以后年度扩股时转增国有股份；对原企业经营亏损而减少的净资产，由国有资本持有单位补足，或由公司制企业用以后年度国有股应分得的股利补足。"显然，该规定针对的是"原企业盈利而增加的净资产"，而不是审计报告中所述的"经营净利润"，这是两个不同的概念。在煤矿改制过渡期，由于煤矿主体发生了变更，不属于持续经营期间。因此，公诉机关委托的审计报告不能作为本案定罪依据。

二、"经营净利润"可以通过财务审计确认,而"净资产"必须通过资产评估确认,这是刑事证据的基本要求

吴村煤矿改制事过十年,相关资产已无法现场勘验,评估基准日至新公司成立期间的资产状况客观上无法评估。对于是否存在"盈利而增加的净资产",现有证据是无法证明的。由于资产评估存在客观障碍,该有效证据是无法取得的。

三、在对本案中是否存在"盈利而增加的净资产"进行合理性审查时,可以考虑审计的"生产经营净利润",但必须扣除影响净资产增值的抵减项

从财务审计角度来讲,以评估基准日的净资产为基数,在此期间的经营利润为增加项,影响固定资产增值的实际支出(投入)为抵减项。如果增加项大于抵减项,其差额形成净资产的增加;如果抵减项大于增加项,其差额则形成净资产的减少。

经调查,本案中影响净资产增值的递减项至少包括:

(1)在非改制资产上的实际支出(投入)。如国有吴村煤矿支付下属水泥厂和无纺布厂920.36万元,支付城区行政办公楼工程款254.41万元,显然,这些支出(投入)没有使改制资产增值。

(2)列入基建矿井在建工程的各项管理费用70.48万元,这些费用属于资产交接前转让方的义务,没有使改制资产增值。

(3)属于政府义务的、对基建矿井维修维护支出(投入),如支付两笔程村矿井维护费用共255.27万元,这些费用属于资产交接前转让方的义务,没有使改制资产增值。

(4)属于政府义务的、对基建矿井维修维护的工资和电费747.89万元,这些费用属于资产交接前转让方的义务,没有使煤矿资产增值。

(5)属于政府义务的,未纳入改制评估基准日评估范围的已完工程应付款,如支付程村矿井已完工程欠款779.25万元,这些款项属于评估基准日前转让方的义务,没有使煤矿资产增值。

(6)属于政府义务的、在改制过渡期贷款发生的利息1325.68万元,该利息没有使煤矿资产实际增值。

(7) 由于国有煤矿的原因致使新公司成立后支付的费用。如补缴的税务罚款 303.55 万元、补缴 2004、2005 年度矿产资源补偿费 132 万元、已完工程的欠款 68.07 万元、职工家属院土地款 287.44 万元、更换没有"煤安"标志设备的费用开支 744.13 万元等等，这些费用均属转让方在此期间的法定义务，应当支付给受让方，至今也未支付。

(8) 特殊的抵减项。在此期间政府承诺的对井筒巷道维修维护的补偿费用，详见煤矿改组协议书第九条"鉴于程村矿井井筒和巷道局部由于地质条件及技术因素导致维修费用发生重大变化，待专家鉴定评估后双方另行协商，政府给予相应补偿"。新公司成立后，2006 年 7 月，河南省煤炭科学研究所出具了《共城市吴村煤矿程村矿井软岩巷道修复支护项目评估》，矿井井巷投资总计达到 14 682.98 万元，按一定比例计算补偿额，补偿额度为数千万元。这些费用是双方预料到应当发生的，是资产交接前转让方的义务，也是政府的承诺，应当作为抵减项。

综上，我们认为：对于国资损失问题，从公平性考量，以评估基准日的净资产为基数，在此期间的经营净利润为增加项，影响净资产增值的实际支出（投入）为抵减项。本案中，抵减项显著大于增加项，其差额则形成净资产的减少，没有增加"净资产"。从公正性考量，改制事实发生在十年前，资产状况发生了重大变化，无法现场勘查。目前资产评估客观上已无可能，这是案件的客观障碍。因此，请求贵院依法核查。

深圳市巨龙实业集团有限公司
二〇一七年四月四日

6 月 1 日，F 县人民法院刑事审判庭召开庭前会议。

6 月 8 日，F 县人民法院公开开庭审理原副市长玩忽职守一案。

9 月 12 日，听说 F 县人民法院审委会作出决定，将案件讨论意见向 W 市中级人民法院请示。

9月17日，河南省人民检察院纪检监察人员进驻W市后，F县人民法院相关人员被问询。他们虽然否认了检察院的压力，但还是及时通知被告人冯某，决定延长了取保候审6个月，判决结果暂时搁置。

杜鹏飞涉嫌诈骗案件被撤销后的第三天，即10月27日，F县人民法院一审宣判：判处该副市长有期徒刑3年，缓刑3年。

作为执业律师，我无权评判其他案件的判决结果，也不便为该案件当事人提供咨询意见。但作为巨龙集团的法律顾问，我认为缓刑判决中对所谓"渎职损失"未责令退赔，应当是控审双方的折中意见，体现了法官的智慧。对于这样的处理结果，我感到庆幸。

沉冤昭雪：泪洒故土

> 律师悄悄话：正义可以迟到，但不会缺席。律师应当走进当事人的内心深处，了解其心路历程和喜怒哀乐，因为牢狱之苦是需要精神抚慰的。一个善良宽厚的人，虽历经苦难，也会笑对人生。司法很强大，但人性很善良。律师不应仅仅就案办案，还应当对社会负起责任。假恶丑现象固然存在，但我们依然要追求真善美，期待雨后那一片绚丽的彩虹。人生的路很长，我们还要一路相伴，执着前行。

2017年10月23日，河南省人民检察院纪检监察室、刑事执行检察局再次派员赶赴卫河市检察院监督检查。Y县人民检察院在最高人民检察院、河南省人民检察院的严厉督促下，撤销了杜鹏飞涉嫌诈骗犯罪案件。

10月24日，Y县检察院向杜鹏飞送达了撤销案件决定书，终结了刑事侦查程序。

22. 沉冤昭雪：泪洒故土

Y县人民检察院
撤销案件决定书

WY检反渎撤〔2007〕2号

我院办理的犯罪嫌疑人杜鹏飞涉嫌诈骗犯罪，因证据不足，依据《中华人民共和国刑事诉讼法》第一百六十一条的规定，决定撤销此案。

检察长（印）
2017年10月24日

这一天，杜鹏飞洁身净衣，早早地赶到了检察院门前。头戴礼帽，身穿礼服，庄重严肃。

倾身、拱手，杜鹏飞虔诚地接过了法律文书。

一页纸，两行字，杜鹏飞足足看了5分钟。只见他仰天长叹，顿时泪流满面。

两年多啦！800多个日日夜夜呀。犹如雄鹰折翅，猛虎坠崖，如今迷雾散尽，日月现，重见天。对于这种境遇，谁能控制情绪？谁能止住眼泪？

泪水中有怨恨，也有感激；有心酸，但更多的是欣喜。

撤销案件决定书宣读完毕，杜鹏飞一身轻松地走出了检察院办公大楼。

晴空万里，阳光普照。凯迪拉克越野车早已在大门口等候，随从提前打开了车门。

杜鹏飞走到车门前，突然又转过身来，紧走几步。面对检察院大院内飘扬的五星红旗，驻足凝视，现场无言。他整理衣帽后，立正姿势，伸出右手，行了一个标准的军礼，再次泪眼婆娑。

掌声响起。

一路上，他没有丝毫抱怨，我们的话题很轻松。

这些年来，我们相处时间比较长，聊的话题也很多。我知道，他始终相信政府，相信党，这是1979年对越自卫反击参战军人们终生不变的情怀。

耳顺之年，芳华已逝，面目全非，但他激情犹存，信仰坚定。

记得6个月前，我们在一起聊天。当我问起这件事件结束后的打算时，他说："要到云南边境走一走，看看支前民工的家属儿女，看看替战友守灵的那些老兵。两年没去了，对不起他们呀"。我完全理解，那里有他激情燃烧的岁月，那里有他患难与共的兄弟，那是他的心灵归处，情之所在。当我问起他为什么没有美国绿卡时，他告诉我：经历过国家的苦难，也享受了改革的阳光，根在中国，祖国才是自己的家。我没有绿卡，夫人没有，孩子也没有，永远不会有。

这就是杜鹏飞，一个有血、有肉、有情感的中国商人，一个有实力敢担当、爱祖国的中资企业家。

11月1日，杜鹏飞看望老家的父母，我陪他一同前往。

父亲从教师岗位上退休多年，身体硬朗，一脸和蔼，他热情地招呼着我们。母亲坐在轮椅上等着儿子的到来，从她日渐衰老的脸上可以看出疾病的磨难和早年的沧桑。

一进门见到母亲，杜鹏飞双膝跪地，声音颤抖："妈，儿子没事儿！"多年不能说话的母亲竟然开口了："没事儿！没事儿！"在场的亲友无不感动地流下了热泪。

从他们谈话中，我才知道，他一直隐瞒着父母，而他的父母虽然感到了一些事情，却一直坚信儿子不会有事儿的。这真是，血浓于水，骨肉情深。

父母在，家就在。

爹娘是儿子永远的依赖，儿子是爹娘一生的牵挂。

你把我养大，我陪你变老。在这片土地上，这是儿孙们的孝道，也是他们的铮铮誓言。

11月3日，集团公司会议在河南召开。

集团总部高管赶来了。深圳分公司、山东分公司高管赶来了。河南分公司高管参加了会议。

22. 沉冤昭雪：泪洒故土

律师团通报了辩护经过和案件结果。

国内各分公司汇报了工作。

国外各项目公司通过网络视频报告了工作进展。

集团总部作了两年的工作总结。

"法律是公正的。我们一定要知法守法，诚实信用。不管是国内业务，还是国外项目，坚持合法经营才能生意红火，事业长久。"杜鹏飞满怀深情地说："冬天已经过去，我们要拥抱春天。"

不可思议的是，在两年多的案件风波中，尽管杜鹏飞自由受限，但深圳房产销售火爆、经纪租赁业绩提升，河南煤炭价格逆势反转、工业用房租赁已见起色，国外业务中两个项目投入运营，两个项目破土开工，一个项目已正式签约……

11月12日，郑州新郑机场。他要去云南。

"谢谢，谢谢！我会回来的，河南是我的家！"

告别、握手、拥抱。

他的背影渐行渐远。"过去了，一切都过去了""生意人图个和气，图个吉祥""比起三十八年前牺牲的战友，我是幸运的"……这些话语一直在我的耳边回荡。

他是一个刚强的人，一个宽容的人，一个战无不胜的人。

律师感叹：公理犹在

> 律师悄悄话：一次完整的刑事辩护，都是一次血与火的人生历练，一次刻骨铭心的身心涅槃。律师是弱小的，无奈、无助、夜不成眠；律师也是强大的，激流勇进，抱团取暖，激情、理想、自由、正义永远在心间。人生不长，岁月苦短，生活不易，惟愿平安。博取功名，人性使然，但应恪守规则，秉公执法，忠诚理性，心中有信念。

经过两年多的侦查，这起国际通缉的贪污大案，以及与此相关的一系列案件，落下了帷幕。

对于这个"惊天大案"，相关人员曾立下"军令状"，并以现任职务为赌注，决心奋力一搏，期望一战成名。于是，抽调几十人，加班上百天，行程上万里，花费数百万……

然而，案件查处结果却是大跌眼镜的。

——杜鹏飞贪污案侦查终结，诈骗罪被撤销；

——政府副市长玩忽职守案被判缓刑；

——国资局人员玩忽职守案免予刑事处罚；

——工业局领导玩忽职守案免予刑事处罚；

——镇政府驻矿员玩忽职守案免予刑事处罚；

——煤矿法定代表人重大责任事故罪免予刑事处罚。

23. 律师感叹：公理犹在

这是一场活生生的司法闹剧！还有一个无法挽回的恐怖事实：杜鹏飞被关押了 47 天，政府原副市长被羁押了 240 多天。牢狱之灾呀！

感叹一：疑问重重，难言成功

刑事立案要靠证据，而不是猜测和怀疑。初查了吗？立案条件具备吗？

贪污犯罪书证第一。口供有那么重要吗？

报请国际通缉，应当事实清楚、证据充分。材料真实吗？

指定居所监视居住适用于重大贪污和贿赂，行贿有线索吗？

侦查应当收集有罪证据，也应当收集无罪、罪轻的材料。律师意见听取了吗？材料入卷备查了吗？

改制是一个专业性很强的工作。谈判背景清楚吗？专业术语搞懂了吗？采矿权评估依据找到了吗？新增资产评估了吗？

改制发生在十年前。追诉时效超过了吗？

感叹二：违法办案，注定失败

为什么要对律师充满敌意？为什么诋毁、离间、跟踪、警告、驱逐、威胁？

为什么要以根本不存在的贪污为名，行查处行贿和渎职之实？有何关联？

为什么要明知是人大代表，却未经法定程序送交羁押？

为什么要列出省管干部名单对犯罪嫌疑人进行测谎逼供？是授意，还是违反办案纪律？

为什么要以涉嫌其他犯罪的道听途说来拖延本案的终结？上级指定了吗？同级移交了吗？证据在手吗？

感叹三：作风粗暴，文明皆无

"要么他进去，要么我们错案被追究。"办案不是赌博，不是

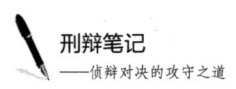

冒险。

"改制这么大的事儿,不相信他不行贿。"办案要证据,不是靠推断。

"当过兵怎么了?不相信你能挺过这一关。"这是威胁恐吓。

"选择吧,A 承认有罪,取保;B 不承认有罪,羁押。"逼供之心昭然若揭。

感叹四:教育整顿,势在必行

刑事司法应当重证据,重程序。无端猜测,武断行事,任何人在任何时候都有可能被投入大牢。

侦查人员应当有理智、有理性。感情用事,一意孤行,必将走向社会公正的反面,最终作茧自缚。

"街亭"失守,"马谡"何用?

政法机关乃国之重器,队伍建设刻不容缓,意义重大。个体言行,代表着国家形象;执法能力,决定着公民的荣辱一生。绝非小事儿,不可轻视矣。

法治春天：全靠制度

> 律师悄悄话：渎职贪腐泛滥，民生怨，国不安。司法机关职责重要，使命艰巨，任重道远。规则法定，行为有度，方可除暴安良，惩罚犯罪，保障人权。司法者应当尊重法律、信仰法律、忠诚地执行法律，将公正作为终生的信念。公正！公正！公正！重要的话说三遍。在法律面前，有错必须及时纠正，休要讲个人的尊严和脸面。国家监察体制改革已全面推开，司法要改革，顽疾须清除，我们期待风和日丽，国泰民安。

案件尘埃落定，我也该向北京复命归建了。

近三十年来，凭借着法学院传授的法律专业技能，我一直坚守着法治理想，扎根基层，心系国家。无论是原任法官，还是现任律师，始终做到了不忘初心，不辱使命。对于亲眼所见的司法进程，真可谓感慨良多，但希望和祝愿永在。

设计的英明

2017年注定是不平凡的一年。

我国高层高瞻远瞩，立足顶层设计，着手国家监察体制改革。此举是为了加强党对反腐败工作的统一领导，通过整合反贪反渎力量，建立权威高效的国家监察体系，重点解决监察范围过窄、反腐力量分散、纪法衔接不畅等问题,实施对公职人员行使公权力情况的全覆盖。这是依法治国、从严治党的重大举措,具有深远的历史意义。

2017年初,检察系统反贪反渎人员转隶工作在山西、浙江、北京三个省市试点,示范带动,积累经验。

11月4日,十二届全国人大常委会第三十次会议决定,在全国各地推开国家监察体制改革试点工作。

一锤定音后,全国如火如荼。

一时间,叫好一片。这是民众的期盼!

人权的萌生

往事回首,心酸中包含着热泪。

1979年,思想禁锢的时代终于过去,我国进行了改革开放。刑事诉讼法试行,程序公正理念开始确立。人民检察院被赋予法律监督职权和刑事自行侦查权,法治观念逐渐深入人心。

在国家意识、集体观念盛行的时代,公权至上,私权淡漠。青春的亢奋与激情,却无法逃脱芳华已逝的悲凉人生。这种个体悲情,不是命运使然,而是制度造成的。当智者仁人的智慧引领了决策者思维的时候,各种制度创设便开始了,法治意识和公民权利得到了逐步提升。

1997年,《刑法》和《刑事诉讼法》进行了重大修改,惩罚犯罪与保障人权同步,程序正当作为了司法公正的内容。人权、自由、平等被重视,法治蓝图已绘就。

人权是法治的基础,是社会发展的动力。我国40年的辉煌成就,离不开人权意识的萌发、强化和立法保障。因为人无忧,才有为。这是民族的希望!

自侦的疯狂

在人权意识提升的过程中,立法似乎淡忘了一个阶层,那就是行使权力的公职人员。如同强化国家意识的年代，忽视民众权利一样，刑事诉讼法对公职人员犯罪设立刑事自行侦查制度的初衷是好的，但对该制度的执行效果未作系统的考量和评估。

1979年以来，肩负法律监督职能的人民检察院一直履行着贪污渎职案件的刑事侦查权。在法制形势一片大好的背景下，人们忽略了这种内部监督制度缺陷和劣根性。

近年来，这种刑事自侦制度的危害暴露无遗，且触目惊心。检察机关的少数侦查人员无视公诉、审判的存在，借反渎反贪为名，威逼利诱，侵犯人权现象时有发生。

出现这种现象，除了侦查人员自身原因外，与"定任务、定指标，实行目标考核"的地方检察系统管理制度有直接关系。为了完成办案任务，个别侦查人员不择手段，全面出击，没有不敢查的人，没有不敢查的事儿，完全不顾地方稳定大局；侦查中，欺上瞒下，滥用指定居所监视居住、搜查措施，置公职人员自由和尊严于不顾，威逼利诱；有的甚至编造虚假控告材料、证人证言。

事实上，在刑事诉讼环节中，只要有一个人站出来，坚持原则，很多违法现象和"冤假错案"是可以避免的，但是几乎没有人敢于这样做。因为检察机关太强大了，反对者会成为另类，也会危及自身安全。

如果法律监督者成了滥用法律者，那么，谁来监督，谁来制约，谁来保障社会的正义和公平？

不可讳言，我们的千年古国是有暴力传统的。一旦制度缺失、监督失衡，仇官仇富便会盛行。

刑事自侦制度是滥权的原因，如今公职人员却成了滥权的对象。这是官员的悲哀！

审判的无奈

有一种现象，是不得不说的。在有些地方法院，公职人员犯罪案件被宣告无罪，几乎是不可能的。

因为错案追究和国家赔偿制度是健全的,一旦宣告公职人员无罪,侦查人员将被追责。于是,自侦案件移送审查起诉后,检察机关的侦查人员便执着地坚持意见,通过主要领导内部协调,要求公诉部门提起公诉。公诉部门出于各种考虑,会放宽对证据事实的审查。移送法院审判后,对证据明显瑕疵或定性存在争议的案件,侦查人员通常会采取手段向法官施压,警告、威胁甚至立案侦查。而面对有理有据的无罪辩护,法官能做的最好结果就是,判决有罪,免于刑事处罚。对侦查人员来说,宣告有罪,表明侦查是正确的;对犯罪嫌疑人来说,免于刑事处罚,意味着不再受牢狱之苦。

这样的结果是公正的吗?侦查部门赢得了面子,但违法行为被掩饰,相关责任被免除;犯罪嫌疑人虽免除了牢狱之苦,但无罪、疑罪均被确认为有罪,遗憾终生。

检察机关的内部协调和检法两家的变通执行,毫无公正可言。法官难以居中裁判,不敢公正判决,这是法官的悲哀!

辩护的纠结

任何人都有可能成为犯罪嫌疑人,任何人都有自行辩护和获得辩护的权利。这是没有争议的。

但对于职务犯罪案件,辩护律师多年来遭受的不仅仅是阅卷难、会见难、调查难,轻者有侦查人员的训斥、警告,重者有威胁、驱逐,更有甚者便是直接立案侦查,送交羁押了。

理性的交流是少见的。面对侦查人员的言行,辩护律师看到更多的是善良的泯灭和疯狂的野性。

而每一次成功辩护之后,都是一地鸡毛,哀鸿一片。冤屈者号啕大哭,或抑郁寡欢,从此再无笑脸;违法者被追责查办,或革职入狱,失去往日的体面和尊严。

辩护竟然成了冒险,刑事司法为何到了这等地步?这是律师的悲哀。

24. 法治春天：全靠制度

反思的痛苦

诟病颇多的刑事自侦制度应该寿终正寝了！

该制度创设的先天不足在于，同一主体肩负刑事侦查权与法律监督权是水火不容的，必然使法律监督流于形式。在一大二公的政治背景下，相信自律的功效无疑是正确的。但随着法治观念深入人心，人性自由，政治禁锢不复存在，分权制衡则是不可或缺了。

司法行政化，是刑事自侦制度产生的历史根源。多年来，检察官按国家公务员人事制度进行管理。这种"命令－服从"的行政管理体制，是授予其行使刑事侦查权的组织基础，但与法治社会的司法属性是违背的。

侦控一体化，是为了节省司法资源，保证惩罚职务犯罪的及时有效性，但过分注重自律效果，却忽视了监督作用。

文职武官化，是刑事自侦制度的表现形式。侦查学和法学是不同的。侦查是行使国家权力的合法暴力行为，其手段、方法、技巧需要专业训练，才能养成。未经专业训练的法学文人被授予侦查权，是荒唐的，不仅可笑，而且滑稽。

执法感性化，是滥用侦查权的主要原因。如上所述，侦查是国家强制行为，国家意识的培训教育是必不可少的。而法学属于社会学范畴，侧重于公正意识的培养教育。这两种意识是时有冲突的，加上检察机关的行政管理体制，法学文人实施国家强制力时的情绪会常常发生波动，从而使执法不再理性。

让侦查回归侦查，让司法变得理性，是现代法治的要求。而检察机关长期被赋予刑事自行侦查权力，这是制度的悲哀！

监察的重生

国家监察体制改革被民众寄予厚望，也将成为法治中国进程中的一项重大制度。良法与恶法的区别在于，立法是否顺应了时代，是否是民心所向，是否得到了有效的执行。

重塑刑法理念，是必须要做的。国家监察机构负有执纪监督和审查调查两种职能，在行使审查调查的刑事侦查权过程中，应当强化人权保护意识，把人权保护与惩罚犯罪同等对待，要确保程序正当，程序合法。

完善监督机制，是必须强调的。要严格审批程序和内控制度，坚决防止"灯下黑"。要认真接受侦查监督和起诉审查，尊重法院判决。

提升人员素质，是重中之重。转隶人员虽办案经验丰富，但思想意识、办案作风应当高度重视。陋习难改，疤痕难消，应当持续关注。强化国家意识，增强法治观念，是一项长期工程。

细化配套措施，才能保证整个工作的快速推进，当然也是艰巨的。

我们希望也相信，国家监察体制改革一定成功！这次整合反贪反渎力量，实行侦控分离后，那些严重危害我国法治基石的现象将会得到根本改善。

司法要改革，顽疾当清除。还国家以法治蓝天，给百姓以公平自由，才是人间正道。这是法治中国的美好愿景！

冬天虽然寒冷，但春天不会太远。

我们期待着雾霾散尽，大雁归来。

延伸：俯瞰对决，刑辩法规要览

附件一 侦辩全景展示

侦控：杜鹏飞贪污、诈骗案件及其相关案件

杜鹏飞贪污、诈骗案件：Y县人民检察院2015年5月5日初查，6月26日以涉嫌贪污罪补充立案侦查，7月9日批拘（在逃）。2016年4月17日指定居所监视居住，5月17日刑事拘留，6月2日取保候审。2017年5月25日，贪污案件侦查终结，以诈骗罪移送审查起诉。10月24日，决定撤销诈骗案件。

国资局人员李某玩忽职守案件：W市人民检察院指定管辖，Y县人民检察院侦控，Y县人民法院判决李某犯玩忽职守罪，免予刑事处罚。

工业局人员万某玩忽职守案件：W市人民检察院指定管辖，Y县人民检察院侦控，Y县人民法院判决万某犯玩忽职守罪，免予刑事处罚。

原政府副市长冯某（正县级干部）玩忽职守案件：W市人民检察院立案后指定管辖，F县人民检察院侦控，F县人民法院判决冯某犯玩忽职守罪，判处有期徒刑三年，缓刑三年。

镇政府驻矿员丁某玩忽职守案件：H县人民检察院侦控，H县人

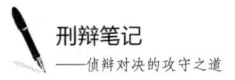

民法院判决玩忽职守罪，免予刑事处罚。

龙田煤业法定代表人侯某重大责任事故案件：W市人民检察院指定管辖，Y县公安局侦查，Y县人民检察院提起公诉，Y县人民法院判决侯某犯重大责任事故罪，免予刑事处罚。

辩护：煤矿事务综合法律服务律师团队

刘建民，北京市鑫诺律师事务所合伙人律师，深圳巨龙集团法律事务部首席法律顾问，律师团召集人，杜鹏飞涉嫌贪污案件辩护人。2016年9月20日，接Y县检察院反贪局告知书后退出案件辩护。

吕永博，北京市鑫诺律师事务所律师助理，律师团律师。

靳万保，河南佑祥律师事务所合伙人律师，原河南奕信律师事务所合伙人律师，律师团律师，杜鹏飞涉嫌贪污、诈骗案件辩护人。

南二飞，河南佑祥律师事务所律师，律师团律师。

范玉顺，上海锦天城（郑州）律师事务所合伙人律师，原河南豫都律师事务所合伙人律师，律师团律师，龙田煤业法定代表人涉嫌侯某不报安全事故案件侦查阶段辩护人。

陈　冬，上海锦天城（郑州）律师事务所律师，律师团律师，龙田煤业法定代表人侯某涉嫌不报安全事故案件侦查阶段辩护人。

焦占营，河南路德律师事务所律师，河南财经政法大学教授，律师团律师。2016年9月30日，率该律所团队介入杜鹏飞涉嫌贪污、诈骗案件，并亲自担任杜鹏飞的辩护人。

…………

附件二　刑辩法规要览

师出有名：《中华人民共和国刑事诉讼法》

刑事诉讼法中关于"辩护与代理"的规定，是刑事辩护律师提供法律服务的依据,律师应当严格按照法律规定行使辩护权。

中华人民共和国刑事诉讼法(节选)

《全国人民代表大会关于修改〈中华人民共和国刑事诉讼法〉的决定》已由中华人民共和国第十一届全国人民代表大会第五次会议于 2012 年 3 月 14 日通过,现予公布,自 2013 年 1 月 1 日起施行。

第四章　辩护与代理

第三十二条　犯罪嫌疑人、被告人除自己行使辩护权以外,还可以委托一至二人作为辩护人。下列的人可以被委托为辩护人:

(一)律师;

(二)人民团体或者犯罪嫌疑人、被告人所在单位推荐的人;

(三)犯罪嫌疑人、被告人的监护人、亲友。

正在被执行刑罚或者依法被剥夺、限制人身自由的人,不得担任辩护人。

第三十三条　犯罪嫌疑人自被侦查机关第一次讯问或者采取强制措施之日起,有权委托辩护人;在侦查期间,只能委托律师作为辩护人。被告人有权随时委托辩护人。

侦查机关在第一次讯问犯罪嫌疑人或者对犯罪嫌疑人采取强制措施的时候,应当告知犯罪嫌疑人有权委托辩护人。人民检察院自收到移送审查起诉的案件材料之日起三日以内,应当告知犯罪嫌疑人有权委托辩护人。人民法院自受理案件之日起三日以内,应当告知被告人有权委托辩护人。犯罪嫌疑人、被告人在押期间要求委托辩护人的,人民法院、人民检察院和公安机关应当及时转达其要求。

犯罪嫌疑人、被告人在押的,也可以由其监护人、近亲属代为委托辩护人。

辩护人接受犯罪嫌疑人、被告人委托后,应当及时告知办理案件的机关。

第三十四条　犯罪嫌疑人、被告人因经济困难或者其他原因没有委托辩护人的,本人及其近亲属可以向法律援助机构提出申请。

对符合法律援助条件的，法律援助机构应当指派律师为其提供辩护。

犯罪嫌疑人、被告人是盲、聋、哑人，或者是尚未完全丧失辨认或者控制自己行为能力的精神病人，没有委托辩护人的，人民法院、人民检察院和公安机关应当通知法律援助机构指派律师为其提供辩护。

犯罪嫌疑人、被告人可能被判处无期徒刑、死刑，没有委托辩护人的，人民法院、人民检察院和公安机关应当通知法律援助机构指派律师为其提供辩护。

第三十五条 辩护人的责任是根据事实和法律，提出犯罪嫌疑人、被告人无罪、罪轻或者减轻、免除其刑事责任的材料和意见，维护犯罪嫌疑人、被告人的诉讼权利和其他合法权益。

第三十六条 辩护律师在侦查期间可以为犯罪嫌疑人提供法律帮助；代理申诉、控告；申请变更强制措施；向侦查机关了解犯罪嫌疑人涉嫌的罪名和案件有关情况，提出意见。

第三十七条 辩护律师可以同在押的犯罪嫌疑人、被告人会见和通信。其他辩护人经人民法院、人民检察院许可，也可以同在押的犯罪嫌疑人、被告人会见和通信。

辩护律师持律师执业证书、律师事务所证明和委托书或者法律援助公函要求会见在押的犯罪嫌疑人、被告人的，看守所应当及时安排会见，至迟不得超过四十八小时。

危害国家安全犯罪、恐怖活动犯罪、特别重大贿赂犯罪案件，在侦查期间辩护律师会见在押的犯罪嫌疑人，应当经侦查机关许可。上述案件，侦查机关应当事先通知看守所。

辩护律师会见在押的犯罪嫌疑人、被告人，可以了解案件有关情况，提供法律咨询等；自案件移送审查起诉之日起，可以向犯罪嫌疑人、被告人核实有关证据。辩护律师会见犯罪嫌疑人、被告人时不被监听。

辩护律师同被监视居住的犯罪嫌疑人、被告人会见、通信，适用第一款、第三款、第四款的规定。

第三十八条 辩护律师自人民检察院对案件审查起诉之日起，可以查阅、摘抄、复制本案的案卷材料。其他辩护人经人民法院、人民检察院许可，也可以查阅、摘抄、复制上述材料。

第三十九条 辩护人认为在侦查、审查起诉期间公安机关、人民检察院收集的证明犯罪嫌疑人、被告人无罪或者罪轻的证据材料未提交的，有权申请人民检察院、人民法院调取。

第四十条 辩护人收集的有关犯罪嫌疑人不在犯罪现场、未达到刑事责任年龄、属于依法不负刑事责任的精神病人的证据，应当及时告知公安机关、人民检察院。

第四十一条 辩护律师经证人或者其他有关单位和个人同意，可以向他们收集与本案有关的材料，也可以申请人民检察院、人民法院收集、调取证据，或者申请人民法院通知证人出庭作证。

辩护律师经人民检察院或者人民法院许可，并且经被害人或者其近亲属、被害人提供的证人同意，可以向他们收集与本案有关的材料。

第四十二条 辩护人或者其他任何人，不得帮助犯罪嫌疑人、被告人隐匿、毁灭、伪造证据或者串供，不得威胁、引诱证人作伪证以及进行其他干扰司法机关诉讼活动的行为。

违反前款规定的，应当依法追究法律责任，辩护人涉嫌犯罪的，应当由办理辩护人所承办案件的侦查机关以外的侦查机关办理。辩护人是律师的，应当及时通知其所在的律师事务所或者所属的律师协会。

第四十三条 在审判过程中，被告人可以拒绝辩护人继续为他辩护，也可以另行委托辩护人辩护。

第四十四条 公诉案件的被害人及其法定代理人或者近亲属，附带民事诉讼的当事人及其法定代理人，自案件移送审查起诉之日起，有权委托诉讼代理人。自诉案件的自诉人及其法定代理人，附带民事诉讼的当事人及其法定代理人，有权随时委托诉讼代理人。

人民检察院自收到移送审查起诉的案件材料之日起三日以内，应当告知被害人及其法定代理人或者其近亲属、附带民事诉讼的当事人及其法定代理人有权委托诉讼代理人。人民法院自受理自诉案件之日起三日以内，应当告知自诉人及其法定代理人、附带民事诉讼的当事人及其法定代理人有权委托诉讼代理人。

  第四十五条 委托诉讼代理人，参照本法第三十二条的规定执行。

  第四十六条 辩护律师对在执业活动中知悉的委托人的有关情况和信息，有权予以保密。但是，辩护律师在执业活动中知悉委托人或者其他人，准备或者正在实施危害国家安全、公共安全以及严重危害他人人身安全的犯罪的，应当及时告知司法机关。

  第四十七条 辩护人、诉讼代理人认为公安机关、人民检察院、人民法院及其工作人员阻碍其依法行使诉讼权利的，有权向同级或者上一级人民检察院申诉或者控告。人民检察院对申诉或者控告应当及时进行审查，情况属实的，通知有关机关予以纠正。

看家本领：《律师办理刑事案件规范》

  2017年8月27日起施行的《律师办理刑事案件规范》，是刑事辩护律师办理刑事案件的重要依据。之前，曾有1997年版和2000年版。

  当然，在该规范实施之后，相关部门还会出台相关刑事程序方面的规定。这些都是律师工作规范，应当不间断地学习研究，与时俱进。对律师来讲，既然有法可依，那么就应当有法必依，要严格规范自己的言行，做守法的典范。也只有如此，才能为委托人提供优质的法律服务。

延伸：俯瞰对决，刑辩法规要览

律师办理刑事案件规范

（2017年8月27日第九届全国律协常务理事会第八次会议审议通过）

第一章 一般规定

第一节 一般原则

第一条 为保障和指导律师在参与刑事诉讼活动时依法履行职责，规范律师办理刑事案件行为，根据《中华人民共和国刑事诉讼法》（以下简称《刑事诉讼法》）、《中华人民共和国律师法》（以下简称《律师法》）和相关法律、司法解释、部门规章，结合律师办理刑事案件的实践经验，制定本规范。

第二条 律师参与刑事诉讼应当坚持维护当事人的合法权益、维护法律的正确实施、维护社会公平和正义的原则，忠于职守，认真负责。

第三条 律师参与刑事诉讼依法履行辩护与代理职责，人身权利和执业权利不受侵犯。

律师参与刑事诉讼在法庭上发表的辩护、代理意见不受法律追究。但是，发表危害国家安全、恶意诽谤他人、严重扰乱法庭秩序的言论除外。

第四条 律师参与刑事诉讼，应当遵守法律、法规，恪守律师职业道德和执业纪律。

第五条 律师担任辩护人，应当依法独立履行辩护职责。

辩护人的责任是根据事实和法律，提出犯罪嫌疑人、被告人无罪、罪轻或者减轻、免除其刑事责任的材料和意见，维护犯罪嫌疑人、被告人的诉讼权利和其他合法权益。

律师在辩护活动中，应当在法律和事实的基础上尊重当事人意见，按照有利于当事人的原则开展工作，不得违背当事人的意愿提出不利于当事人的辩护意见。

第六条 辩护律师对在执业活动中知悉的委托人的有关情况和信息，对任何单位和个人有权予以保密。但是，委托人或者其他人准备或者正在实施危害国家安全、公共安全以及严重危害他人人身安全的犯罪事实和信息除外。

第七条 律师参与刑事诉讼活动，不得帮助犯罪嫌疑人、被告人隐匿、毁灭、伪造证据或者串供，不得威胁、引诱证人作伪证以及进行其他干扰司法机关诉讼活动的行为。

办案机关违反《刑事诉讼法》的有关规定追究律师刑事责任的，律师有权依法向有关机关申诉、控告。

第二节 收案和结案

第八条 律师参与刑事诉讼，可以从事下列业务：

（一）接受犯罪嫌疑人、被告人的委托，担任辩护人。犯罪嫌疑人、被告人的近亲属、其他亲友或其所在单位代为委托的，须经犯罪嫌疑人、被告人确认；

（二）接受涉嫌犯罪的未成年人或精神病人的监护人、近亲属的委托，担任辩护人；

（三）接受公诉案件的被害人、其法定代理人或者近亲属的委托，接受自诉案件的自诉人、其法定代理人的委托，接受刑事附带民事诉讼的当事人、其法定代理人的委托，担任诉讼代理人；

（四）接受刑事案件当事人、其法定代理人、近亲属的委托，接受被刑事判决或裁定侵犯合法权益的案外人的委托，担任申诉案件的代理人；

（五）接受被不起诉人、其法定代理人、近亲属的委托，代为申诉、控告；

（六）在公安机关、人民检察院作出不立案或撤销案件或不起诉的决定后，接受被害人、其法定代理人、近亲属的委托，代为申请复议或起诉；

（七）在违法所得没收程序中，接受犯罪嫌疑人、被告人、其近亲属或其他利害关系人的委托，担任诉讼代理人；

（八）在强制医疗程序中，接受被申请人或被告人的委托，担任诉讼代理人；在复议程序中，接受被决定强制医疗的人、被害人、其法定代理人、近亲属的委托，担任诉讼代理人；

第九条 律师接受委托，应当由律师事务所办理以下手续：

（一）律师事务所与委托人签署《委托协议》；

（二）委托人签署委托书；

（三）律师事务所开具办案所需的相关诉讼文书。

上述手续，律师事务所应当留存原件或存根备查。

第十条 律师接受委托办理刑事案件，可以在侦查、审查起诉、一审、二审、死刑复核、申诉、再审等各诉讼阶段由律师事务所分别办理委托手续，也可以一次性办理。

第十一条 律师接受委托或者指派后，应当及时与办案机关联系，出示律师执业证书，提交委托书和律师事务所证明或者法律援助公函。

第十二条 律师办理刑事案件，无正当理由，不得拒绝辩护或者代理。但委托事项违法、委托人利用律师提供的服务从事违法活动，或者委托人故意隐瞒与案件有关的重要事实的，律师有权拒绝辩护或者代理。

律师与当事人或者委托人就辩护或代理方案产生严重分歧，不能达成一致的，可以代表律师事务所与委托人协商解除委托关系。

解除委托关系后，律师应当及时告知办案机关。

第十三条 同一名律师不得为两名或两名以上的同案犯罪嫌疑人、被告人辩护，不得为两名或两名以上的未同案处理但涉嫌的犯罪存在关联的犯罪嫌疑人、被告人辩护。

同一律师事务所在接受两名或两名以上的同案犯罪嫌疑人、被告人的委托，分别指派不同的律师担任辩护人的，须告知委托人并经其同意。

第十四条 律师办理刑事案件，可以会同异地律师协助调查、收集证据和会见，经当事人同意可以为协同工作的律师办理授权委托手续。

在侦查、审查起诉、一审、二审、死刑复核、申诉、再审案件中，当事人变更律师的，变更前的律师可以为变更后的律师提供案情介绍、案卷材料、证据材料等工作便利。

第十五条 辩护律师可以携一名律师助理协助会见，可以根据办案需要携律师助理协助阅卷，向人民法院申请携律师助理参加庭审。

第十六条 律师办理刑事案件结案后，应当撰写办案总结，与辩护词或代理词、法律文书以及摘抄、复制的案卷材料等一并归档保存。

第十七条 提前解除委托关系的，律师应当在办案总结中说明原因，并附相关手续，整理案卷归档。

第三节 会见和通信

第十八条 辩护律师会见在押犯罪嫌疑人、被告人，应当向看守所出示律师执业证书、委托书和律师事务所证明或者法律援助公函。

辩护律师可以会见被监视居住和取保候审的犯罪嫌疑人、被告人。

律师助理随同辩护律师参加会见的，应当出示律师事务所证明和律师执业证书或申请律师执业人员实习证。

第十九条 辩护律师办理危害国家安全犯罪、恐怖活动犯罪、特别重大的贿赂犯罪案件，犯罪嫌疑人在押或者被监视居住的，在侦查阶段会见时应当向侦查机关提出申请，必要时应当采用书面形式申请。侦查机关不许可会见的，辩护律师可以要求其出具书面决定，并说明理由。

第二十条 辩护律师会见犯罪嫌疑人、被告人需要翻译人员协助的，可以携经办案机关许可的翻译人员参加会见。翻译人员应当持办案机关许可决定文书和本人身份证明，随同辩护律师参加会见。

第二十一条 辩护律师会见犯罪嫌疑人、被告人时，应当事先准备会见提纲，认真听取犯罪嫌疑人、被告人的陈述和辩解，发现、核实案件事实和证据材料中的矛盾和疑点。

第二十二条　辩护律师会见犯罪嫌疑人、被告人时应当重点向其了解下列情况：

（一）犯罪嫌疑人、被告人的个人信息等基本情况；

（二）犯罪嫌疑人、被告人是否实施或参与所涉嫌的犯罪；

（三）犯罪嫌疑人、被告人对侦查机关侦查的事实和罪名是否有异议，对起诉意见书、起诉书认定其涉嫌或指控的事实和罪名是否有异议；

（四）犯罪嫌疑人、被告人无罪、罪轻的辩解；

（五）犯罪嫌疑人、被告人有无自首、立功、退赃、赔偿等从轻、减轻或免予处罚的量刑情节；

（六）犯罪嫌疑人、被告人有无犯罪预备、犯罪中止、犯罪未遂等犯罪形态；

（七）立案、管辖是否符合法律规定；

（八）采取强制措施的法律手续是否完备、程序是否合法；

（九）是否存在刑讯逼供等非法取证的情况，以及其他侵犯人身权利和诉讼权利的情况；

（十）犯罪嫌疑人、被告人及其亲属的财物被查封、扣押、冻结的情况；

（十一）侦查机关收集的供述和辩解与律师会见时的陈述是否一致，有无反复以及出现反复的原因；

（十二）其他需要了解的与案件有关的情况。

第二十三条　辩护律师会见时应当向犯罪嫌疑人、被告人介绍刑事诉讼程序；告知其在刑事诉讼程序中的权利、义务；告知犯罪嫌疑人、被告人权利行使方式及放弃权利和违反法定义务可能产生的后果。

第二十四条　辩护律师会见时应当与犯罪嫌疑人、被告人就相应阶段的辩护方案、辩护意见进行沟通。

第二十五条　自案件移送审查起诉之日起，辩护律师可以向犯罪嫌疑人、被告人核实有关证据。

第二十六条 辩护律师会见在押犯罪嫌疑人、被告人应当遵守看守所依法作出的有关规定。未经允许，不得直接向犯罪嫌疑人、被告人传递药品、财物、食物等物品，不得将通信工具提供给犯罪嫌疑人、被告人亲友会见。

辩护律师可以接受犯罪嫌疑人、被告人提交的与辩护有关的书面材料，也可以向犯罪嫌疑人、被告人提供与辩护有关的文件与材料。

第二十七条 辩护律师会见结束后应当及时告知看守所的监管人员或执行监视居住的监管人员。

第二十八条 辩护律师会见犯罪嫌疑人、被告人制作会见笔录的，应当交其签字确认。

第二十九条 辩护律师可以根据案件情况，合理确定会见犯罪嫌疑人、被告人的时间、次数。

第三十条 辩护律师可以根据办理案件需要与在押犯罪嫌疑人、被告人通信。辩护律师与犯罪嫌疑人、被告人通信应当注明律师身份、通信地址。

辩护律师与在押犯罪嫌疑人、被告人通信时，应当保留信函副本及犯罪嫌疑人、被告人的来信原件并附卷备查。

第三十一条 辩护律师同被监视居住的犯罪嫌疑人、被告人会见、通信，适用本节有关规定。

第四节 查阅、摘抄、复制案卷材料

第三十二条 自案件移送审查起诉之日起，辩护律师、代理律师应当及时与人民检察院、人民法院联系，办理查阅、摘抄、复制案卷材料等事宜。

第三十三条 案卷材料包括案件的诉讼文书和证据材料。根据相关法律的规定，对讯问过程应当进行同步录音录像的，辩护律师、代理律师可以根据案件需要依法要求查阅、复制。

第三十四条 复制案卷材料可以采用复印、拍照、扫描、电子数据拷贝等方式。摘抄、复制时应当保证其准确性、完整性。

第三十五条 对于以下案卷材料，辩护律师、代理律师应当及时查阅、复制：

（一）侦查机关、检察机关补充侦查的证据材料；

（二）人民检察院、人民法院根据犯罪嫌疑人、被告人、辩护律师的申请向侦查机关、公诉机关调取在侦查、审查起诉期间已收集的有关犯罪嫌疑人、被告人无罪、罪轻的证据材料；

（三）人民法院根据被告人、辩护律师的申请调取的检察机关未移送的证据材料以及有关被告人自首、坦白、立功等量刑情节的材料。

第三十六条 辩护律师应当认真研读全部案卷材料，根据案情需要制作阅卷笔录或案卷摘要。阅卷时应当重点了解以下事项：

（一）犯罪嫌疑人、被告人的个人信息等基本情况；

（二）犯罪嫌疑人、被告人被认定涉嫌或被指控犯罪的时间、地点、动机、目的、手段、后果及其他可能影响定罪量刑的法定、酌定情节等；

（三）犯罪嫌疑人、被告人无罪、罪轻的事实和材料；

（四）证人、鉴定人、勘验检查笔录制作人的身份、资质或资格等相关情况；

（五）被害人的个人信息等基本情况；

（六）侦查、审查起诉期间的法律手续和诉讼文书是否合法、齐备；

（七）鉴定材料的来源、鉴定意见及理由、鉴定机构是否具有鉴定资格等；

（八）同案犯罪嫌疑人、被告人的有关情况；

（九）证据的真实性、合法性和关联性，证据之间的矛盾与疑点；

（十）证据能否证明起诉意见书、起诉书所认定涉嫌或指控的犯罪事实；

（十一）是否存在非法取证的情况；

（十二）未成年人刑事案件，在被讯问时法定代理人或合适成年

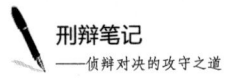

人是否在场；

（十三）涉案财物查封、扣押、冻结和移送的情况；

（十四）其他与案件有关的情况。

第三十七条 律师参与刑事诉讼获取的案卷材料，不得向犯罪嫌疑人、被告人的亲友以及其他单位和个人提供，不得擅自向媒体或社会公众披露。

辩护律师查阅、摘抄、复制的案卷材料属于国家秘密的，应当经过人民检察院、人民法院同意并遵守国家保密规定。律师不得违反规定，披露、散布案件重要信息和案卷材料，或者将其用于本案辩护、代理以外的其他用途。

第五节 调查取证

第三十八条 辩护律师经证人或者其他有关单位和个人同意，可以向他们收集与案件有关的证据材料；被调查人不同意的，可以申请人民检察院、人民法院收集、调取相关证据，或者申请人民法院通知该证人出庭作证。

辩护律师经人民检察院或者人民法院许可，并且经被害人或者其近亲属、被害人提供的证人同意，可以向他们收集与案件有关的证据材料。

第三十九条 辩护律师根据案件需要向已经在侦查机关、检察机关做过证的证人了解案件情况、调查取证、核实证据，一般应当通过申请人民法院通知该证人到庭，以当庭接受询问的方式进行。如证人不能出庭作证的，辩护律师直接向证人调查取证时，应当严格依法进行，并可以对取证过程进行录音或录像，也可以调取证人自书证言。

第四十条 辩护律师调查、收集与案件有关的证据材料，应当持律师事务所证明，出示律师执业证书，一般由二人进行。

第四十一条 辩护律师调查、收集证据材料时，为保证证据材料的真实性，可以根据案情需要邀请与案件无关的人员在场见证。

第四十二条 辩护律师对证人进行调查，应当制作调查笔录。

调查笔录应当载明调查人、被调查人、记录人的姓名，调查的时间、地点，被调查人的身份信息，证人如实作证的要求，作伪证或隐匿罪证应当负法律责任的说明以及被调查事项等。

第四十三条 辩护律师制作调查笔录，应当客观、准确地记录调查内容，并经被调查人核对。被调查人如有修改、补充，应当由其在修改处签字、盖章或者捺指印确认。调查笔录经被调查人核对后，应当由其在笔录上逐页签名并在末页签署记录无误的意见。

第四十四条 辩护律师制作调查笔录不得误导、引诱证人。不得事先书写笔录内容；不得先行向证人宣读犯罪嫌疑人、被告人或其他证人的笔录；不得替证人代书证言；不得擅自更改、添加笔录内容；向不同的证人调查取证时应当分别进行；调查取证时犯罪嫌疑人、被告人的亲友不得在场。

第四十五条 辩护律师收集物证、书证和视听资料时，应当尽可能提取原件；无法提取原件的，可以复制、拍照或者录像，并记录原件存放地点和持有人的信息。

第四十六条 辩护律师可以申请人民检察院、人民法院收集、调取案件有关的电子证据。

辩护律师可以采取复制、打印、截屏、拍照或者录像等方式收集、固定电子邮件、电子数据交换、网上聊天记录、博客、微博客、微信、手机短信、电子签名、域名等电子数据，并记录复制、打印、截屏、拍照、录像的时间、地点、原始储存介质存放地点、电子数据来源、持有人等信息，必要时可以委托公证机构对上述过程进行公证。

对于存在于存储介质中的电子数据，应当尽可能收集原始存储介质。对于存在于网络空间中的电子数据，可以通过有权方提取或通过公证形式予以固定。

第四十七条 辩护律师在调查、收集证据材料时，可以录音、录像。

第四十八条 辩护律师认为在侦查、审查起诉期间公安机关、人民检察院收集的证明犯罪嫌疑人、被告人无罪或者罪轻的证据材料未提交的，应当书面申请人民检察院、人民法院调取。

第四十九条 人民检察院、人民法院根据申请收集、调取证据时，辩护律师可以在场。

第五十条 辩护律师收集的有关犯罪嫌疑人、被告人不在犯罪现场、未达到刑事责任年龄、属于依法不负刑事责任的精神病人的证据，应当及时告知办案机关。辩护律师可以要求收取证据的办案机关出具回执。

第六节 申请变更、解除强制措施

第五十一条 辩护律师认为被羁押的犯罪嫌疑人、被告人符合下列取保候审的条件，应当为其申请取保候审：

（一）可能判处管制、拘役或者独立适用附加刑的；

（二）可能判处有期徒刑以上刑罚，采取取保候审措施不致发生社会危险性的；

（三）犯罪嫌疑人、被告人患有严重疾病、生活不能自理，采取取保候审措施不致发生社会危险性的；

（四）犯罪嫌疑人、被告人正在怀孕或者哺乳自己的婴儿，采取取保候审措施不致发生社会危险性的；

（五）羁押期限届满，案件尚未办结，需要采取取保候审措施的。

第五十二条 犯罪嫌疑人、被告人符合逮捕条件，但具备下列条件之一，辩护律师可以为其申请监视居住：

（一）患有严重疾病、生活不能自理的；

（二）怀孕或者正在哺乳自己婴儿的妇女；

（三）系生活不能自理的人的唯一抚养人；

（四）因为案件的特殊情况或者办理案件的需要，采取监视居住措施更为适宜的；

（五）羁押期限届满，案件尚未办结，需要采取监视居住措施的。

第五十三条 犯罪嫌疑人、被告人符合取保候审条件，但不能提出保证人也不缴纳保证金的,辩护律师可以为其申请监视居住。

第五十四条 犯罪嫌疑人、被告人被羁押的案件,办案机关在《刑事诉讼法》规定的羁押期限内未能办结的,辩护律师可以要求释放犯罪嫌疑人、被告人,或者要求变更强制措施。

对被采取取保候审、监视居住措施的犯罪嫌疑人、被告人,办案机关在《刑事诉讼法》规定的强制措施期限内未能办结的,辩护律师可以要求解除强制措施。

第五十五条 犯罪嫌疑人因涉嫌危害国家安全犯罪、恐怖活动犯罪、特别重大贿赂犯罪在侦查期间被指定居所监视居住的,在有碍侦查的情形消失后,辩护律师可以为其申请在居所监视居住或者取保候审。

第五十六条 犯罪嫌疑人、被告人及其法定代理人、近亲属要求辩护律师申请变更、解除强制措施或释放犯罪嫌疑人、被告人,辩护律师认为符合条件的,可以自行申请,也可以协助其向办案机关申请。

第五十七条 辩护律师向办案机关书面申请变更、解除强制措施或者释放犯罪嫌疑人、被告人的,应当写明律师事务所名称、律师姓名、通信地址及联系方式、犯罪嫌疑人、被告人姓名和所涉嫌或指控的罪名、申请事实及理由、保证方式等。

辩护律师不宜为犯罪嫌疑人、被告人担任保证人。

第五十八条 辩护律师申请变更、解除强制措施或释放犯罪嫌疑人、被告人的,可以要求办案机关在三日内作出同意或者不同意的答复。对于不同意的,辩护律师可以要求其说明不同意的理由。

第五十九条 犯罪嫌疑人被逮捕后,辩护律师可以向检察机关提出羁押必要性审查的意见。

第二章 侦查期间的辩护工作

第六十条 侦查期间,律师接受委托后,自犯罪嫌疑人被第一次讯问或者采取强制措施之日起,可以向侦查机关了解案件情况,包括犯罪嫌疑人涉嫌的罪名、已查明的主要事实、犯罪嫌疑人被采取、变更、解除强制措施、延长侦查羁押期限等。

第六十一条 辩护律师为犯罪嫌疑人提供法律咨询，应当告知其基本诉讼权利，主要包括以下内容：

（一）犯罪嫌疑人有不被强迫证实自己有罪的权利；

（二）犯罪嫌疑人有对办案机关侵权行为、程序违法提出申诉和控告的权利；

（三）犯罪嫌疑人有申请侦查人员回避的权利；

（四）犯罪嫌疑人有知悉鉴定意见和提出异议的权利；

（五）犯罪嫌疑人有对刑事案件管辖提出异议的权利；

（六）有关刑事和解的权利。

第六十二条 辩护律师为犯罪嫌疑人提供关于强制措施的法律咨询，主要包括以下内容：

（一）强制措施的种类；

（二）强制措施的条件、适用程序的法律规定；

（三）强制措施期限的法律规定；

（四）申请变更强制措施的权利及条件。

第六十三条 辩护律师为犯罪嫌疑人提供关于侦查机关讯问方面的法律咨询，主要包括以下内容：

（一）犯罪嫌疑人对侦查人员的讯问有如实回答的义务，对与本案无关的问题有拒绝回答的权利；

（二）犯罪嫌疑人对侦查人员制作的讯问笔录有核对、补充、更正的权利以及在确认笔录没有错误后应当签名的义务；

（三）犯罪嫌疑人有要求自行书写供述和辩解的权利；

（四）犯罪嫌疑人有如实供述犯罪事实可以获得从宽处罚的权利。

第六十四条 辩护律师为犯罪嫌疑人提供关于犯罪构成与证据方面的法律咨询，主要包括以下内容：

（一）刑法及相关司法解释关于犯罪嫌疑人所涉嫌罪名的相关规定；

（二）刑法及相关司法解释关于从重、从轻、减轻以及免予处罚的相关规定；

（三）关于刑事案件的举证责任的相关规定；

（四）关于证据的含义、种类及收集、使用的相关规定；

（五）关于非法证据排除的相关规定。

第六十五条 侦查期间，辩护律师收集到有关犯罪嫌疑人不在犯罪现场、未达到刑事责任年龄、属于依法不负刑事责任的精神病人的证据材料时，应当及时向侦查机关提出无罪或不予追究刑事责任的辩护意见，并同时要求侦查机关释放犯罪嫌疑人或对其变更强制措施。

第六十六条 在案件侦查期间和侦查终结前，辩护律师向侦查机关就实体和程序问题提出辩护意见的，可以口头或书面的方式提出。

对于非法证据，辩护律师可以提出予以排除的意见。

第六十七条 辩护律师应当对案件管辖合法性进行审查，发现侦查机关管辖违反法律规定的，应当以书面方式向侦查机关提出异议。

第六十八条 在审查批捕过程中，辩护律师认为具备下列情形的，可以向检察机关提出不批准逮捕或不予逮捕的意见：

（一）犯罪嫌疑人不构成犯罪；

（二）可能被判处一年有期徒刑以下刑罚的；

（三）无社会危险性；

（四）不适宜羁押。

第六十九条 辩护律师对于侦查机关及其工作人员有下列行为的，可以向该机关申诉或者控告：

（一）采取强制措施法定期限届满，不予以解除、变更强制措施或者释放犯罪嫌疑人的；

（二）应当退还取保候审保证金不予退还的；

（三）对与案件无关的财物采取查封、扣押、冻结措施的；

（四）应当解除查封、扣押、冻结不予解除的；

（五）贪污、挪用、私分、调换或其他违反规定使用查封、扣

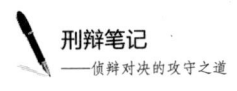

押、冻结财物的。

辩护律师可以要求受理申诉或者控告的侦查机关及时处理，对不及时处理或对处理结果不服的，可以向同级人民检察院申诉；人民检察院直接受理的案件，可以向上一级人民检察院申诉。

第三章 审查起诉期间的辩护工作

第七十条 审查起诉期间，辩护律师应当及时查阅、摘抄、复制案卷材料，并根据案件情况会见犯罪嫌疑人核实证据。

第七十一条 辩护律师在侦查期间未能会见犯罪嫌疑人的，在审查起诉期间会见犯罪嫌疑人提供咨询的适用本规范第六十一条至第六十四条之规定。

第七十二条 审查起诉期间，辩护律师可以从程序、实体等方面向检察机关提出口头或书面辩护意见。

对于以非法方法收集的证据，辩护律师应当及时向检察机关提出对该证据予以排除的意见。

第七十三条 审查起诉期间，辩护律师收集到有关犯罪嫌疑人不在犯罪现场、未达到刑事责任年龄、属于依法不负刑事责任的精神病人的证据材料时，应当及时向检察机关提出无罪或不予追究刑事责任的辩护意见，并同时要求检察机关释放犯罪嫌疑人或对其变更强制措施。

第七十四条 审查起诉期间，辩护律师认为犯罪嫌疑人没有犯罪事实，或者符合《刑事诉讼法》第十五条规定的情形之一的，应当向检察机关提出不起诉的意见。

第七十五条 审查起诉期间，辩护律师认为犯罪嫌疑人犯罪情节轻微，依照刑法规定不需要判处刑罚或者免除刑罚的，应当向检察机关提出不起诉的意见。

第七十六条 审查起诉期间，对于经一次或二次补充侦查的案件，辩护律师认为证据不足，不符合起诉条件的，应当向检察机关提出不起诉的意见。

延伸：俯瞰对决，刑辩法规要览

第四章 公诉一审案件的辩护工作

第一节 庭前准备

第七十七条 在开庭审理前，辩护律师应当研究证据材料、有关法律、判例，熟悉案件涉及的专业知识，拟定辩护方案，准备发问提纲、质证提纲、举证提纲、辩护提纲等。

第七十八条 人民法院召集庭前会议的，辩护律师可以就下列事项提出意见或申请：

（一）案件管辖异议；

（二）申请回避；

（三）申请调取证据；

（四）是否适用简易程序；

（五）是否公开审理；

（六）开庭时间；

（七）申请通知证人出庭作证；

（八）申请鉴定人出庭作证；

（九）申请具有专门知识的人员出庭；

（十）是否延长审限；

（十一）申请查看讯问过程的同步录音、录像；

（十二）申请非法证据排除；

（十三）举证、质证方式的磋商；

（十四）参与附带民事诉讼的调解；

（十五）其他与审理相关的事项。

第七十九条 人民法院未召开庭前会议，辩护律师认为有上述相关事由的，可以申请人民法院召开庭前会议。

第八十条 人民法院没有通知被告人参加庭前会议，但庭前会议的内容和决定影响被告人行使诉讼权利的，辩护律师应当申请人民法院通知被告人参加庭前会议。

被告人未参加庭前会议的，辩护律师未经特别授权不得代表被

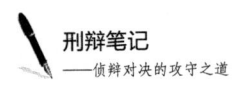

告人对实体、证据和程序性问题发表意见。

辩护律师出席庭前会议应当严格遵守《刑事诉讼法》关于庭前会议的有关规定，不得就依法应当在开庭审理过程中解决的问题发表意见。

第八十一条 辩护律师申请人民法院通知证人、鉴定人、有专门知识的人等出庭的，应当制作上述人员名单，注明身份、住址、通讯方式等，并说明出庭目的。

第八十二条 辩护律师拟当庭宣读、出示、播放的证据，可以制作目录并说明所要证明的事实，在开庭前提交人民法院。

第八十三条 辩护律师接到出庭通知书后应当按时出庭，因下列正当理由不能出庭的，应当提前向人民法院提出并说明理由，申请调整开庭日期：

（一）辩护律师收到两个以上出庭通知，只能按时参加其中之一的；

（二）庭审前发现新的证据线索，需进一步调查取证或拟出庭的有专门知识的人、证人因故不能出庭的；

（三）因其他正当理由无法按时出庭的。

辩护律师申请调整开庭日期，未获准许又确实不能出庭的，应当与委托人协商，妥善解决。

第八十四条 辩护律师收到出庭通知书距开庭时间不满三日的，可以建议人民法院更改开庭日期。

第八十五条 辩护律师有权了解公诉人、合议庭组成人员、书记员、鉴定人和翻译人员等情况，协助被告人确定有无申请回避的事由及是否提出回避的申请。

第二节　参加法庭调查

第八十六条 辩护律师参加有两名以上被告人案件的审理，应当按起诉书指控被告人的顺序依次就座。

第八十七条 合议庭组成人员、书记员、公诉人、鉴定人和翻译人员具有法定回避情形的，在审判长宣布被告人的诉讼权利后，辩护律师可以根据情况提出，并说明理由。

第八十八条 法庭核对被告人年龄、身份、有无前科劣迹等情况有误，可能影响案件审理的，律师应当认真记录，在法庭调查时予以澄清。

第八十九条 辩护律师在公诉人、被害人及其代理律师发问后，经审判长许可，有权向被告人发问。

第九十条 在法庭调查过程中，经审判长许可，辩护律师有权对证人、鉴定人、被害人、有专门知识的人发问。

第九十一条 公诉人、其他辩护人、诉讼代理人、审判人员以威胁、诱导或其他不当方式发问的，或发问问题与本案无关、损害被告人人格尊严的，辩护律师可以提出异议并申请审判长予以制止。

第九十二条 辩护律师发问应当简洁、清楚，重点围绕与定罪量刑相关的事实进行发问。

第九十三条 对出庭的证人、鉴定人等，辩护律师应当按照法庭安排发问。发问内容应当重点针对定罪量刑相关的问题进行。

第九十四条 公诉人对辩护律师的发问提出反对或异议的，辩护律师可以进行反驳。法庭作出决定的，辩护律师应当服从。

第九十五条 辩护律师可以就举证质证方式与公诉人、审判人员进行协商，根据案件不同情况既可以对单个证据发表质证意见，也可以就一组证据、一类证据，或涉及某一待证事实的多份证据发表综合质证意见。

辩护律师应当围绕证据的真实性、合法性、关联性，就证据资格、证明力以及证明目的、证明标准、证明体系等发表质证意见。

对公诉人及其他诉讼参与人发表的不同的质证意见，辩护律师可以进行辩论。

第九十六条 辩护律师认为可能存在以非法方法收集证据情形的，应当申请排除非法证据。

辩护律师申请排除非法证据的，可以在开庭审理前提出；在庭审期间发现相关线索或者材料的，可以在开庭审理过程中提出。

被告人申请排除非法证据的，辩护律师应当向被告人了解涉嫌非法取证的人员、时间、地点、方式、内容等相关线索或者材料。

申请排除非法证据的，可以申请法庭通知侦查人员出庭说明情况，调取、播放侦查讯问录音、录像以及调取其他相关证据。

第九十七条 对证人证言，应当重点从以下方面进行质证：

（一）证人证言与待证事实的关系；

（二）证人与案件当事人、案件处理结果有无利害关系；

（三）证人证言之间以及与其他证据之间能否相互印证，有无矛盾；

（四）证人证言内容是否为证人直接感知；

（五）证人感知案件事实时的环境、条件和精神状态；

（六）证人的感知力、记忆力和表达力；

（七）证人作证是否受到外界的干扰或影响；

（八）证人的年龄以及生理上、精神上是否有缺陷；

（九）证人证言是否前后矛盾；

（十）证人证言是否以暴力、威胁等非法方法收集；

（十一）证人证言的取得程序、方式是否符合法律及有关规定；

（十二）证人不能出庭作证的原因及对本案的影响；

（十三）需要质证的其他情形。

第九十八条 公诉人提出在案证据材料中证人名单以外的证人出庭作证的，辩护律师有权要求法庭延期审理。

对于当事人、辩护律师、公诉人有异议且对定罪量刑有重大影响的证人证言，辩护律师可以申请法庭通知证人出庭作证。

第九十九条 对被害人陈述的质证，适用对证人证言质证的有关规范。

第一百条 对被告人供述和辩解，应当重点从以下方面质证：

（一）讯问的时间、地点和讯问人的身份等是否符合法律、司法解释及有关规定；

（二）讯问笔录的制作、修改是否符合法律、司法解释及有关规定；

（三）被告人的供述有无以刑讯逼供等非法手段获取的情形；

（四）被告人的所有供述和辩解是否均已随案移送，供述是否前后一致；

（五）被告人的供述和辩解是否符合常理，有无矛盾；

（六）被告人的供述和辩解与同案被告人的供述和辩解以及其他证据能否相互印证，有无矛盾；

（七）有同步录音录像资料的，可以结合相关录音录像资料进行质证；

（八）需要质证的其他情形。

第一百零一条 辩护律师对鉴定意见有异议，且该鉴定意见对被告人定罪量刑有影响的，可以申请人民法院通知鉴定人出庭作证。

对鉴定意见，应当重点从以下方面质证：

（一）鉴定人与案件有无利害关系；

（二）鉴定人与被告人、被害人有无利害关系；

（三）鉴定机构和鉴定人有无合法资质；

（四）鉴定程序、过程、方法是否符合法律、法规的规定以及专业规范要求；

（五）检材的来源、取得、保管、送检是否符合法律及有关规定；

（六）鉴定意见是否明确，形式要件是否完备；

（七）鉴定意见与案件待证事实有无关联；

（八）鉴定意见与其他证据之间有无矛盾；

（九）需要质证的其他情形。

第一百零二条 辩护律师可以向法庭申请有专门知识的人出庭协助质证，对鉴定意见提出意见。

第一百零三条 对物证，应当重点从以下方面质证：

（一）物证是否为原物；

（二）物证与待证事实的关系；

（三）物证与其他证据之间能否相互印证，有无矛盾；

（四）物证的来源、收集程序、方式是否合法；

（五）物证是否受到破坏或者改变；

（六）物证收集是否完整全面；

（七）物证的照片、录像、复制品是否能反映原物的外形和特征；

（八）勘验、检查、搜查、扣押的物证是否附有相关笔录清单，是否经侦查人员、持有人、见证人签名，物品的名称、特征、数量、质量等是否注明清楚；

（九）需要质证的其他情形。

第一百零四条 对于书证，应当重点从以下方面质证：

（一）书证是否为原件；

（二）书证是否有更改或更改的迹象；

（三）书证与待证事实的关系；

（四）书证与其他证据之间能否相互印证，有无矛盾；

（五）书证的副本、复制件是否与原件核对无误，或经鉴定为真实或者以其他方式确定为真实；

（六）书证的来源、收集程序、方式是否合法；

（七）书证是否受到破坏或者改变；

（八）与案件事实有关联的书证是否全部收集；

（九）勘验、检查、搜查提取的书证是否附有相关笔录，是否经侦查人员、持有人、见证人签名；

（十）需要质证的其他情形。

第一百零五条 对勘验、检查笔录，应当重点从以下方面质证：

（一）勘验、检查是否依法进行，笔录的制作是否符合法律及有关规定的要求；

（二）勘验、检查笔录的内容是否全面、详细、准确、规范；

（三）固定证据的形式、方法是否科学、规范；

（四）补充勘验、检查是否说明理由，前后有无矛盾；

（五）勘验、检查笔录中记载的情况与其他证据能否印证，有无矛盾；

（六）勘验、检查笔录是否经勘验、检查人员和见证人签名或盖章；

（七）需要质证的其他情形。

第一百零六条 对辨认笔录，应当重点从以下方面质证：

（一）辨认是否在侦查人员主持下进行；

（二）辨认人有无在辨认前见到辨认对象或详细询问辨认对象的具体特征；

（三）辨认活动是否单独进行；

（四）辨认对象或对象数量是否符合规定；

（五）有无给辨认人暗示或指认的情形；

（六）有无制作规范的辨认笔录；

（七）需要质证的其他情形。

第一百零七条 对侦查实验笔录，应当重点从以下方面质证：

（一）实验的过程、方法、笔录的制作是否符合有关规定；

（二）侦查实验的条件与事件发生时的条件有无明显差异；

（三）是否存在影响实验科学结论的其他情形。

第一百零八条 对视听资料，应当重点从以下方面质证：

（一）视听资料的形成及时间、地点和周围的环境；

（二）视听资料的来源及提取过程是否合法，制作过程中当事人有无受到威胁、引诱等违反法律及有关规定的情形；

（三）是否为原件，制作人、原视听资料持有人是否签字或盖章；

（四）内容和制作过程是否真实、完整，有无伪造、变造、剪辑、增减等；

（五）内容与待证事实的关系；

（六）播放视听资料的设备是否影响播放效果等；

（七）视听资料为复制件的，是否附有无法调取原件的原因、复制件制作过程和原件存放地点的说明；

（八）需要质证的其他情形。

第一百零九条 对电子证据，应当重点从以下方面质证：

（一）原始存储介质是否随案移送；

（二）制作、储存、传递、获得、收集、出示等程序和环节是否符合技术规范、是否合法；

（三）内容是否真实、有无变造、伪造、删除、修改、增减等情形；

（四）电子证据与案件事实有无关联；

（五）与案件事实有关联的电子数据是否全面依法收集；

（六）需要质证的其他情形。

第一百一十条 对勘验、检查笔录、辨认笔录、侦查实验笔录、视听资料及电子证据有疑问的，辩护律师可以申请人民法院通知勘验、检查等相关人员出庭作证。

第一百一十一条 公诉人出示庭前未提交证据的，辩护律师可以申请法庭休庭或延期审理。

第一百一十二条 法庭进行庭外调查并通知控辩双方到场的，辩护律师应当到场。

第一百一十三条 在公诉人举证完毕后，辩护律师有权向法庭举证，也可以申请法庭通知证人出庭作证。辩护律师向法庭出示的证据，可以是自行依法收集的证据，也可以是检察机关向法院移送但没有在法庭上出示的证据。

第一百一十四条 辩护律师举证时，应当向法庭说明证据的名称、内容、来源以及拟证明的事实。非言词证据应当出示原件、原物，不能出示原件、原物的应当说明理由。

第三节 参加法庭辩论

第一百一十五条 辩护律师应当根据法庭对案件事实调查的情况，针对公诉人及其他诉讼参与人发表的辩论意见，结合案件争议焦点事实、证据、程序及法律适用问题，充分发表辩论意见。

第一百一十六条 辩护律师对于起诉书指控犯罪持有异议，提出无罪辩护或者依法不应当追究刑事责任的辩护，可以从以下方面发表辩论意见：

（一）被告人没有犯罪事实的意见；

（二）指控的事实不清，证据不足的意见；

（三）指控被告人的行为依法不构成犯罪的意见；

（四）被告人未达到法定刑事责任年龄的意见；

（五）被告人属于依法不负刑事责任的精神病人的意见；

（六）具有《刑事诉讼法》第十五条规定的情形，不应当追究刑事责任的意见：情节显著轻微、危害不大，不认为是犯罪的；犯罪已过追诉时效期限的；经特赦令免除刑罚的；依照刑法告诉才处理的犯罪，没有告诉或者撤回告诉的；犯罪嫌疑人、被告人死亡的；其他法律规定免予追究刑事责任的。

第一百一十七条 辩护律师对于起诉书指控的罪名不持异议，可以从量刑方面发表辩论意见，包括针对检察机关提出的量刑建议及其理由发表意见。

第一百一十八条 辩护律师做无罪辩护的案件，法庭辩论时，辩护律师可以先就定罪问题发表辩论意见，然后就量刑问题发表意见。

第一百一十九条 辩护律师认为起诉书指控的犯罪罪名不成立，但指控的犯罪事实构成其他处罚较轻的罪名，在事先征得被告人同意的情况下，可以提出改变罪名的辩护意见。

第一百二十条 辩护律师认为案件诉讼程序存在违法情形对定罪量刑有影响或具有依法应当排除的非法证据，可以在法庭辩论时发表意见。

第一百二十一条 辩护律师发表辩护意见所依据的证据、引用的法律要清楚、准确。

第一百二十二条 辩护律师的辩护意见应当观点明确，重点突出，论据充分，论证有力，逻辑严谨，用词准确，语言简洁。

第一百二十三条 辩护律师在与公诉人相互辩论中，重点针对控诉方的新问题、新观点，结合案件争议焦点发表意见。

第一百二十四条 一审宣判前，辩护律师发现有新的或遗漏的事实、证据需要查证的，可以申请恢复法庭调查。

第一百二十五条 在法庭审理过程中，被告人当庭拒绝辩护或提出更换律师的，辩护律师应当建议休庭，与当事人协商妥善处理。

在法庭审理过程中，出现本规范第十二条第二款事由的，辩护律师可以请求法庭休庭，与当事人协商妥善处理。

第四节 庭后工作

第一百二十六条 休庭后，辩护律师应当就当庭出示、宣读的证据及时与法庭办理交接手续；及时阅读庭审笔录，认为记录有遗漏或差错的，应当要求书记员补充或者改正，确认无误后签名。

第一百二十七条 休庭后，辩护律师应当尽快整理书面辩护意见，提交法庭。

第一百二十八条 人民法院宣告判决后，辩护律师应当及时收取判决书。

在上诉期间，一审辩护律师、拟担任二审辩护人的律师可以会见被告人，听取其对判决书的意见及是否上诉的意见并提出建议。

第五章 公诉二审案件的辩护工作

第一百二十九条 一审辩护律师在上诉期内受被告人、被告人的法定代理人的委托担任二审辩护人的，应当协助被告人提出上诉，包括协助确定上诉的请求和理由，代写上诉状等。

一审辩护律师经被告人同意，在法定上诉期内可以提出上诉。

受委托担任二审辩护人的律师，应当及时与二审人民法院取得联系，提交委托手续，及时参与二审诉讼活动。

第一百三十条 二审程序启动后，辩护律师应当及时到法院查阅案卷材料，会见上诉人、原审被告人，必要时调查收集相关证据材料。

第一百三十一条 经过阅卷、会见上诉人、调查收集相关证据材料，二审案件具有下列情形之一的，辩护律师应当以书面形式向人民法院提出开庭审理的意见并说明具体理由：

（一）上诉人、上诉人的法定代理人对一审认定的事实、证据提出异议，可能影响定罪量刑的；

（二）辩护律师认为一审认定的事实、证据存在错误，可能影响定罪量刑的；

（三）人民检察院或者上诉人及其辩护律师提交新证据的；

（四）其他应当开庭审理的情形。

第一百三十二条 人民法院决定开庭审理的二审案件，包括一般上诉案件，被告人被判处死刑的上诉案件，人民检察院抗诉的案件以及其他法院决定开庭的案件，辩护律师应当在开庭前认真做好相关准备工作。

第一百三十三条 辩护律师出席二审案件开庭审理活动，应当根据引起二审程序的诉由确定辩护思路和重点，展开辩护：

（一）对上诉案件，应当重点围绕上诉所涉及的事实、证据及法律适用问题展开辩护活动，请求二审人民法院撤销原判，进行改判；对于事实不清、证据不足的，可以请求二审人民法院发回原审法院重新审判；已经发回重审过一次的案件应当直接要求人民法院按疑罪从无原则宣告被告人无罪；

（二）对抗诉案件，应当根据抗诉对原审被告人产生的影响确定辩护思路和意见。对不利原审被告人的抗诉，应当维护原审判决，请求二审人民法院驳回抗诉，维持原判；对有利原审被告人的抗诉，应当支持抗诉，以期二审人民法院撤销原判，作出对被告人有利的改判；

（三）对既有上诉又有抗诉的案件，应当重点围绕上诉请求和理由展开辩护活动，同时兼顾抗诉请求和理由，分别不同情况，支持有利上诉人、原审被告人的抗诉，反对不利上诉人、原审被告人的抗诉。

第一百三十四条 人民法院决定不开庭审理的二审案件，辩护律师应当及时向人民法院提交书面辩护意见。必要时可以提出向办案法官当面陈述辩护意见的要求。

第一百三十五条 在二审程序中，辩护律师发现一审人民法院的审理存在下列违反法定诉讼程序的情形之一，并且经上诉人、原审被告人同意，可以向二审人民法院提出撤销原判，发回重审的意见：

（一）违反《刑事诉讼法》有关公开审判的规定的；

（二）违反回避制度的；

（三）剥夺或限制当事人的法定诉讼权利，可能影响公正审判的；

（四）审判组织的组成不合法的；

（五）其他违反法定诉讼程序，可能影响公正审判的。

被告人不同意发回重审的，辩护律师可以发表辩护意见。

第六章　公诉案件的诉讼代理工作

第一百三十六条　律师可以接受公诉案件被害人、已死亡被害人的近亲属、无行为能力或限制行为能力被害人的法定代理人的委托，担任刑事案件的诉讼代理人。

律师可以担任刑事附带民事诉讼案件原告人或被告人的诉讼代理人。

第一百三十七条　律师接受委托后，应当向委托人提供法律咨询和其他法律帮助，及时与承办法院取得联系、提交委托手续。

第一百三十八条　公诉案件被害人的代理律师收到出庭通知距开庭时间不满三日的，可以要求人民法院更改开庭日期；如在法定期间内收到出庭通知的，应当按时出庭；如因正当理由不能出庭，可以要求人民法院更改开庭日期。

人民法院已决定开庭而不通知被害人及其代理律师出庭的，代理律师可以要求人民法院依法通知，保证被害人及其代理律师出庭参加庭审的权利。

第一百三十九条　代理律师可以在开庭前向人民法院了解案件是否公开审理。如果案件涉及被害人隐私、商业秘密的，应当要求人民法院不公开审理。

第一百四十条　代理律师应当告知被害人有权对合议庭组成人员、书记员、公诉人、鉴定人和翻译人员申请回避，并协助被害人行使权利。

第一百四十一条　在法庭审理过程中，代理律师应当依法指导、协助或代理委托人行使以下诉讼权利：

（一）申请召集、参加庭前会议；

（二）陈述案件事实；

（三）出示、宣读有关证据；

（四）请求法庭通知未到庭证人、鉴定人和勘验检查笔录制作人出庭作证；

（五）经审判长许可，向被告人、证人、鉴定人、勘验检查笔录制作人发问；

（六）对被告人及其辩护律师向被害人提出的威胁性、诱导性、有损人格或与本案无关的发问提出异议；

（七）对各项证据发表质证意见；

（八）发表辩论意见；

（九）申请通知新的证人到庭、调取新的证据、申请重新鉴定或者勘验；

（十）申请法庭通知有专门知识的人出庭，就鉴定人作出的鉴定意见提出意见；

（十一）必要时，请求法庭延期审理；

（十二）申请人民法院对以非法方法收集的证据依法予以排除等。

第一百四十二条 在法庭审理中，代理律师可以与被告人及其辩护律师展开辩论。代理律师意见与公诉人意见不一致的，代理律师应当从维护被害人的合法权益出发，独立发表代理意见。

第一百四十三条 代理律师认为被害人或代理律师的诉讼权利受到侵犯的，可以依据《刑事诉讼法》相关规定，向人民检察院提出申诉或者控告。

第一百四十四条 代理律师应当告知当事人核对庭审笔录，补充遗漏或修改差错，确认无误后签名。

代理律师应当就当庭出示、宣读的证据及时与法庭办理交接手续；及时阅读庭审笔录，认为记录有遗漏或差错的，可以请求补充或者改正，确认无误后应当签名。

第一百四十五条 人民法院宣告判决后，代理律师应当及时收取判决书。

被害人及其法定代理人不服一审判决的，代理律师可以协助或代理其在收到判决书后五日内，请求人民检察院抗诉。

第一百四十六条 公诉案件进入二审程序后，律师的代理工作参照本规范一审相关规定进行。

第七章　自诉案件的代理和辩护工作

第一节　自诉案件的代理工作

第一百四十七条 律师可以接受自诉人及其法定代理人的委托，担任其诉讼代理人。接受委托前，律师应当审查案件是否符合法定自诉案件范围和立案条件。

第一百四十八条 代理律师应当帮助自诉人分析案情，确定被告人和管辖法院，调查、了解有关事实和证据，代写刑事自诉状。自诉状应当包括以下内容：

（一）自诉人和被告人的姓名、年龄、民族、籍贯、出生地、文化程度、职业、工作单位、住址等自然情况；

（二）被告人的犯罪事实，包括时间、地点、手段、危害后果等；

（三）被告人行为所触犯的罪名；

（四）具体的诉讼请求；

（五）致送人民法院的名称和具状时间；

（六）证人的姓名、住址；

（七）证据的名称、件数、来源等。

被告人是两人以上的，应当按被告人的人数提供自诉状的副本。

第一百四十九条 自诉人同时要求民事赔偿的，代理律师可以协助其制作刑事附带民事起诉状，写明被告人犯罪行为所造成的损害、具体赔偿请求及计算依据。

第一百五十条 律师代理提起自诉时，应当准备下列材料和文件：

（一）自诉人身份证明文件；

（二）刑事自诉状；

（三）证据材料及目录；

（四）委托书；

（五）律师事务所证明；

（六）律师执业证书等。

同时提起刑事附带民事诉讼的，应当提交刑事附带民事起诉状。

第一百五十一条 人民法院对自诉案件进行审查后，要求自诉人补充证据或撤回自诉的，代理律师应当协助自诉人作好补充证据工作或与自诉人协商是否撤回自诉。

对于有共同侵害人，但自诉人只对部分侵害人起诉的，以及有共同被害人，只有部分自诉人提起诉讼的，应当向自诉人提供法律咨询、解释法律规定，告知法律风险及后果。

第一百五十二条 对于人民法院作出的不予受理或者驳回起诉的裁定不服的，协助自诉人提起上诉。

第一百五十三条 人民法院决定开庭前，代理律师应当作好开庭前准备工作。对于无法取得的证据，可以申请人民法院依法调查取证。

第一百五十四条 刑事自诉案件，被告人提起反诉的，代理律师可以接受反诉被告人的委托，可以同时担任其辩护律师。

第一百五十五条 代理律师应当向自诉人告知有关自诉案件开庭的法律规定，避免因自诉人拒不到庭或擅自中途退庭导致人民法院按自动撤诉处理的法律后果。自诉人不到庭的，代理律师仍应按时出庭履行职责。

第一百五十六条 自诉案件开庭审理时，代理律师应当协助自诉人充分行使控诉职能，运用证据证明自诉人的指控成立。

第一百五十七条 自诉案件依法可以适用简易程序的，代理律师可以代理自诉人要求人民法院适用简易程序。自诉案件依法不应当适用简易程序的，代理律师可以代理自诉人对于法院适用简易程序的决定提出异议。

第一百五十八条 自诉案件法庭辩论结束后，代理律师可以根据委托人授权参加法庭调解。

第一百五十九条 代理律师应当协助自诉人在法院宣告判决前决定是否与被告人和解或者撤回自诉。

第二节 自诉案件的辩护工作

第一百六十条 律师可以接受自诉案件被告人及其法定代理人或者近亲属的委托担任被告人的辩护律师。

第一百六十一条 担任自诉案件被告人的辩护律师，应当适用公诉案件辩护律师的工作规范，并注意以下事项：

（一）自诉案件被告人有权提起反诉；

（二）自诉人经两次合法传唤无正当理由不到庭或者未经法庭许可中途退庭的，按撤诉处理；

（三）自诉案件可以调解；

（四）自诉人可以同被告人自行和解，或者撤回自诉。

第一百六十二条 对于被羁押的自诉案件被告人，辩护律师应当会见，并为其申请变更强制措施。

第八章 刑事附带民事诉讼的代理工作

第一节 刑事附带民事诉讼原告人的代理工作

第一百六十三条 律师可以接受符合法定条件的刑事附带民事诉讼原告人的委托，在一审、二审程序中，担任刑事附带民事诉讼的诉讼代理人参与附带民事部分的审判活动。在办理委托手续时应当明确代理权限。

第一百六十四条 律师接受委托时，应当审查下列可以作为附带民事诉讼审理的事项是否存在：

（一）作为刑事附带民事诉讼前提的刑事诉讼是否存在；

（二）刑事附带民事诉讼的被告人是否符合法定条件；

（三）被害人的物质损失是否与被告人的行为存在因果关系；

（四）刑事附带民事诉讼提起的时间是否在刑事案件立案之后第一审判决宣告之前；

（五）是否符合法定的刑事附带民事诉讼的范围。

第一百六十五条 律师接受委托后，应当代理委托人撰写附带民事起诉状，内容包括：

（一）刑事附带民事诉讼原告人、被告人的基本情况；

（二）具体诉讼请求；

（三）事实和理由；

（四）致送人民法院的名称和具状时间；

（五）相关的证据材料等。

第一百六十六条 对人民法院决定不予立案的刑事附带民事诉讼，可以建议委托人另行提起民事诉讼，要求办案机关追缴或采取其他救济措施。

第一百六十七条 代理律师根据案件情况，可以自行或协助委托人依法收集证据，展开调查，申请鉴定。

第一百六十八条 在提起刑事附带民事诉讼时，代理律师可以建议或协助委托人申请人民法院对被告人的财产采取查封、扣押或冻结等保全措施。

第一百六十九条 律师担任刑事附带民事诉讼当事人的诉讼代理人，应当告知委托人可能导致按自动撤诉处理的下列法定事项：

（一）刑事附带民事诉讼原告人经人民法院两次传唤无正当理由拒不到庭的；

（二）刑事附带民事诉讼原告人未经法庭许可中途退庭的。

第一百七十条 代理律师在庭审过程中，可以根据案件情况从事下列工作：

（一）经委托人授权可以对本案合议庭组成人员、书记员、公诉人、鉴定人和翻译人员提出回避申请；

（二）陈述案件事实；

（三）出示、宣读本方证据；

（四）申请法庭通知本方证人出庭作证；

（五）经审判长许可对被告人、证人、鉴定人发问；

（六）对刑事附带民事诉讼被告方的证据提出质证意见；

（七）对刑事附带民事诉讼被告方的不当发问提出异议；

（八）发表代理意见；

（九）经委托人授权，可以与被告方和解等。

第一百七十一条 委托人参加诉讼的，代理律师应当指导委托人参加调解，准备调解方案。

第一百七十二条 原告人对于一审判决、裁定中刑事附带民事诉讼部分不服的，代理律师应当根据委托协助其提起上诉。

第二节 刑事附带民事诉讼被告人的代理工作

第一百七十三条 律师可以接受刑事附带民事诉讼的被告人及其法定代理人或者近亲属的委托，在一审、二审程序中，担任诉讼代理人。在办理委托手续时应当明确代理权限。

刑事附带民事诉讼被告人是法人或其他组织的，代理律师除向法庭出示律师执业证书，提交律师事务所证明、委托书外，还需提交法定代表人身份证明等单位负责人身份证明、营业执照等证明单位存续的文书复印件。

第一百七十四条 刑事诉讼被告人的辩护律师可以接受委托，同时担任刑事附带民事诉讼被告人的诉讼代理人，但应当另行办理委托手续。

第一百七十五条 代理律师根据案件情况，可以进行调查取证、申请鉴定；应当撰写答辩状，参加庭审，举证质证，进行辩论，发表代理意见；经被告人同意，提出反诉以及与对方和解。

第一百七十六条 刑事附带民事诉讼被告人对于一审判决刑事附带民事诉讼部分不服的，代理律师根据委托可以协助其提起上诉。

第九章 简易程序中的辩护工作

第一百七十七条 律师可以接受当事人、近亲属或其法定代理人的委托，担任辩护人，参与人民法院适用简易程序审理的案件。

第一百七十八条 辩护律师应当及时向被告人释明关于适用简易程序的法律规定及法律后果。

第一百七十九条 辩护律师应当依据《刑事诉讼法》第二百零八条的规定，审查适用简易程序是否符合法律规定。认为不应当适用简易程序的，应当及时提出异议，请求人民法院依法适用普通程序。

第一百八十条 辩护律师办理适用简易程序审理的案件，在审判期间发现以下情形时，应当建议法庭转为普通程序审理：

（一）被告人对适用简易程序有异议的；

（二）被告人的行为可能不构成犯罪的；

（三）案件事实不清、证据不足的；

（四）被告人可能不负刑事责任的；

（五）被告人是盲、聋、哑人，或者是尚未完全丧失辨认或者控制自己行为能力的精神病人的；

（六）被告人当庭对起诉书指控的犯罪事实予以否认的；

（七）共同犯罪案件中部分被告人不认罪的；

（八）有重大社会影响的；

（九）其他不应当适用简易程序的。

第一百八十一条 适用简易程序审理的公诉案件，辩护律师可以对有异议的证据进行质证；经审判人员许可，辩护律师可以同公诉人、诉讼代理人互相辩论。

第十章 认罪认罚从宽制度中的辩护工作

第一百八十二条 适用刑事速裁程序的案件，辩护律师应当在接受委托或指派之日起三个工作日内会见犯罪嫌疑人、被告人；审查起诉、审判期间，辩护律师应当在接受委托或指派之日起三个工作日内完成阅卷。

第一百八十三条 辩护律师认为案件符合刑事速裁适用条件时，经犯罪嫌疑人同意，可以主动建议人民检察院按刑事速裁程序办理。

第一百八十四条 辩护律师在会见犯罪嫌疑人、被告人时，应当向犯罪嫌疑人、被告人详细解释刑事速裁程序的内容和要求，告知选择刑事速裁程序对其诉讼权利及实体权益带来的后果，包括承认指控的犯罪事实、同意人民检察院的量刑建议、签署具结书、起诉书简化、由审判员一人独任审判、开庭时不进行法庭调查和法庭辩论、审理期限及送达期限等缩短、开庭时被告人有最后陈述的权利等。

辩护律师应当全面了解犯罪嫌疑人、被告人的意愿，确保其真实、自愿认罪。

第一百八十五条 犯罪嫌疑人、被告人自愿认罪，同意适用刑事速裁程序，且辩护律师经全面审查后也同意适用刑事速裁程序时，辩护律师则不再做无罪辩护。

辩护律师认为犯罪嫌疑人、被告人无罪或犯罪嫌疑人、被告人认罪是因受威胁、引诱、欺骗或刑讯逼供等非法方式形成时，应当对刑事速裁程序提出异议，提交书面意见和相关的证据材料。

第一百八十六条 辩护律师发现案件有不宜适用速裁程序情形的，应当及时向办案机关提出，要求变更程序。

第一百八十七条 辩护律师办理适用刑事速裁程序案件时，应当积极为犯罪嫌疑人、被告人申请取保候审、监视居住，参与犯罪嫌疑人签署具结书的过程，参与同被害人及其亲属的和解过程。

第一百八十八条 在审查起诉期间，辩护律师在与犯罪嫌疑人、被告人充分沟通后，经犯罪嫌疑人、被告人同意，可以向检察机关提出量刑意见。

在审判阶段，辩护律师可以主要围绕量刑问题发表辩护意见。

第一百八十九条 辩护律师应当向犯罪嫌疑人、被告人具体介绍认罪认罚从宽制度，重点包括以下内容：

（一）适用认罪认罚从宽制度犯罪嫌疑人、被告人必须自愿认罪，同意被指控的犯罪事实和量刑建议，签署具结书；

（二）认罪认罚从宽制度适用于刑事速裁程序、简易程序及普通程序；

（三）犯罪嫌疑人、被告人有程序选择权及选择不同程序相应的法律权利及后果；

（四）犯罪嫌疑人、被告人依法享有辩护权和其他诉讼权利，有权获得有效法律帮助；

（五）犯罪嫌疑人自愿如实供述涉嫌犯罪的事实，有重大立功或者案件涉及国家重大利益的，经层报公安部提请最高人民检察院批准，侦查机关可以撤销案件；在审查起诉期间，报经最高人民检察院批准，人民检察院可以作出不起诉决定；

（六）法律规定不适用认罪认罚从宽制度的情形。

第一百九十条 适用认罪认罚从宽制度的案件，辩护律师应当全面阅卷，了解案情，认真审核犯罪嫌疑人、被告人被指控的事实是否构成犯罪以及犯罪嫌疑人、被告人认罪认罚是否出于自愿，有无受到暴力、威胁、引诱等非法取证等情况，及时为犯罪嫌疑人、被告人提供法律咨询和建议。

第一百九十一条 在侦查过程中，辩护律师可以与侦查机关商讨犯罪嫌疑人认罪认罚问题。犯罪嫌疑人自愿认罪认罚的，辩护律师应当及时告知侦查机关。辩护律师应当提示侦查机关在移送审查起诉意见书中写明犯罪嫌疑人自愿认罪认罚的情况。

第一百九十二条 在审查起诉过程中，辩护律师应当积极参与犯罪嫌疑人与检察机关的认罪认罚协商、诉讼程序的选择、量刑建议以及具结书的签署等活动，提示检察机关在起诉书中写明被告人认罪认罚的情况、量刑建议，并移送具结书等相关材料。

第一百九十三条 在审判期间，辩护律师应当重点开展以下辩护工作：

（一）核实被告人认罪认罚的自愿性和认罪认罚具结书的合法性，并向人民法院提出意见；

（二）审核案件是否依法应当适用速裁程序或简易程序，并提出意见；对于不应当适用速裁程序或简易程序审理的，应及时向人民法院提出变更程序；

（三）向人民法院提出量刑建议或者对人民检察院的量刑建议发

表同意或不同意的意见，最大限度地为被告人争取减轻、从轻处罚，包括主刑和附加刑；

（四）参加二审辩护工作。

第一百九十四条 在办理认罪认罚案件中，辩护律师如发现存在刑讯逼供、暴力取证或者徇私枉法等情况的，应当及时告知办案机关，终止认罪认罚程序。

第一百九十五条 在认罪认罚案件中，辩护律师应当特别重视关于强制措施的辩护工作。在侦查期间、审查起诉期间、审判期间，均应当积极提出犯罪嫌疑人、被告人没有社会危险性，应当准予取保候审或者监视居住的意见。

第一百九十六条 在办理认罪认罚从宽制度的案件中，辩护律师应当积极建议和参与同被害人及其家属的和解协商，争取被害人方面的谅解。

第一百九十七条 在办理认罪认罚从宽制度的案件中，辩护律师应当关注犯罪嫌疑人、被告人财产被查封、扣押、冻结的情况。对于查封、扣押、冻结措施不当的，应当及时向办案机关提出，要求纠正。

第一百九十八条 犯罪嫌疑人、被告人认罪认罚后又表示反悔的，辩护律师应当及时了解情况并告知办案机关。

第十一章　死刑复核案件的辩护工作

第一百九十九条 律师可以接受案件当事人及其近亲属的委托、法律援助机构的指派，担任死刑立即执行案件和死刑缓期执行案件的被告人的辩护人。

第二百条 辩护律师办理死刑复核案件，可以约见被告人的近亲属及其他人了解案件情况，可以要求被告人的近亲属提供相关的案件材料，可以到人民法院复制案卷材料，也可以向原承办律师请求提供案卷材料等，案件原承办律师应当给予工作上的便利和必要的协助。

第二百零一条 辩护律师办理死刑复核案件，应当按照下列情形分别开展工作：

（一）中级人民法院判处死刑缓期执行的第一审案件，被告人未上诉、人民检察院未抗诉的，辩护律师应当在上诉、抗诉期满后，高级人民法院核准期间内，向高级人民法院提交委托手续和书面辩护意见；

（二）中级人民法院判处死刑立即执行的第一审案件，被告人未上诉、人民检察院未抗诉的，辩护律师应当在上诉、抗诉期满后，高级人民法院复核期间内，向高级人民法院提交委托手续和书面辩护意见。高级人民法院同意判处死刑立即执行的，辩护律师应当在其作出裁定后，最高人民法院复核期间内，向最高人民法院提交委托手续和书面辩护意见；

（三）中级人民法院判处死刑立即执行的第一审案件，被告人上诉或者人民检察院抗诉，高级人民法院裁定维持的，辩护律师应当在收到裁定后、最高人民法院复核期间内，向最高人民法院提交委托手续和书面辩护意见；

（四）高级人民法院判处死刑立即执行的第一审案件，被告人未上诉、人民检察院未抗诉的，辩护律师应当在上诉、抗诉期满后向最高人民法院提交委托手续和书面辩护意见。

第二百零二条 辩护律师办理死刑复核案件，应当认真查阅案卷材料，重点审查以下内容并提出相应的辩护意见：

（一）被告人涉嫌犯罪时的年龄、被告人有无刑事责任能力、审判时是否系怀孕的妇女、审判时是否年满七十五周岁；

（二）原判认定的事实是否清楚，证据是否确实、充分，是否已经排除合理怀疑；

（三）犯罪情节、后果及危害程度；

（四）原判适用法律是否正确，是否必须判处死刑立即执行；

（五）有无法定、酌定从轻或者减轻处罚的情节，包括自首、立功、被害人有无过错、是否赔偿被害人、被害人是否表示谅解等；

（六）诉讼程序是否合法；

（七）其他应当审查的情况。

第二百零三条 在死刑复核期间,辩护律师除应当向合议庭提交书面辩护意见外,还可以依法约见合议庭成员当面陈述辩护意见。

第二百零四条 在死刑复核期间,辩护律师会见被告人时,除与被告人核实相关事实、证据外,还应当告知其如有检举、揭发重大案件等立功表现的,可以从轻或减轻处罚;辩护律师知悉被告人有检举、揭发的情形,应当及时形成书面材料,报请原审人民法院或复核人民法院调查核实。

第二百零五条 在死刑复核期间,辩护律师发现新的或者遗漏可能导致无罪、罪轻、从轻、减轻、免除处罚的事实或证据,应当及时形成书面材料,连同该证据向原审人民法院或复核人民法院提供并请求调查核实。

第十二章 未成年人案件的辩护和代理工作

第二百零六条 律师可以接受未成年当事人及其法定代理人、近亲属的委托或接受法律援助机构的指派,担任未成年人的辩护律师。

第二百零七条 辩护律师办理未成年人案件,应当充分注意未成年人的身心特点及应当与成年人分别关押、分别管理、分别教育等依法享有的特殊权利。

第二百零八条 辩护律师应当对涉案未成年人的资料予以保密,不得以任何方式公开或者传播,包括涉案未成年人的姓名、住所、照片、图像及可能推断出该未成年人身份的其他资料等。

第二百零九条 律师担任未成年人的辩护人,应当重点审查以下内容并提出相应的辩护意见:

(一)未成年人实施被指控的犯罪行为时是否已满十四周岁、十六周岁、十八周岁;

(二)讯问和开庭时,是否通知未成年人的法定代理人到场;法定代理人因无法通知或其他情况不能到场的,是否有合适成年人到场;

(三)讯问女性未成年人,是否有女性工作人员在场;

（四）是否具备不逮捕条件，包括罪行较轻，具备有效监护条件或者社会帮教措施，没有社会危险性或者社会危险性较小，不逮捕不致妨害诉讼正常进行；

（五）人民法院决定适用简易程序审理的，是否征求了未成年被告人及其法定代理人和辩护律师的意见；

（六）在法庭上，是否存在未成年被告人人身危险性不大，不可能妨碍庭审活动而被使用械具的情况；

（七）法庭审理过程中，是否有对未成年被告人诱供、训斥、讽刺或者威胁等情形；

（八）被告人是否属于被指控的犯罪发生时不满十八周岁、人民法院立案时不满二十周岁等应当由少年法庭审理的情形等。

第二百一十条 辩护律师根据案件需要，可以对未成年人的性格特点、家庭情况、社会交往、成长经历、犯罪原因、犯罪前后的表现、监护教育等情况依法进行调查并制作调查报告提交办案机关。

第二百一十一条 未成年犯罪嫌疑人具备有效监护条件或者社会帮教措施，具有下列情形之一，不逮捕不致妨害诉讼正常进行的，辩护律师应当向人民检察院、人民法院提出不予批准逮捕或不予逮捕的意见：

（一）初次犯罪、过失犯罪的；

（二）犯罪预备、中止、未遂的；

（三）有自首或者立功表现的；

（四）犯罪后如实交代罪行，真诚悔罪，积极退赃，尽力减少和赔偿损失，被害人谅解的；

（五）不属于共同犯罪的主犯或者集团犯罪中的首要分子的；

（六）属于已满十四周岁不满十六周岁的未成年人或者系在校学生的；

（七）其他可以不批准逮捕的情形。

第二百一十二条 未成年人被逮捕后，辩护律师应当根据案件情况，依据《刑事诉讼法》第九十三条的规定，及时向人民检察院提出羁押必要性审查的申请。

第二百一十三条 辩护律师办理未成年人案件过程中,发现采取强制措施不当的,应当依据《刑事诉讼法》第九十四条的规定,及时向办案机关提出变更或撤销强制措施的申请。

第二百一十四条 在审查起诉期间,辩护律师可以向人民检察院提出辩护意见。

辩护律师认为未成年犯罪嫌疑人符合《刑事诉讼法》第二百七十一条第一款规定条件的,应当向人民检察院建议作出附条件不起诉的决定。

未成年人犯罪嫌疑人及其法定代理人对人民检察院决定附条件不起诉有异议的,辩护律师应当依据《刑事诉讼法》第二百七十一条第三款的规定,协助其及时提出异议。

附条件不起诉考验期满后,辩护律师应当申请人民检察院作出不起诉决定。

第二百一十五条 审查起诉期间,辩护律师认为未成年犯罪嫌疑人具有下列情形之一的,应当向检察机关提出不起诉的意见:

(一)未成年犯罪嫌疑人没有犯罪事实;

(二)未成年犯罪嫌疑人符合《刑事诉讼法》第十五条规定的情形之一;

(三)未成年犯罪嫌疑人犯罪情节轻微,依照刑法规定不需要判处刑罚或者免除刑罚的;

(四)经一次或二次补充侦查的未成年人犯罪案件,仍然证据不足,不符合起诉条件的。

第二百一十六条 辩护律师可以根据案件情况,向法庭提供有关未成年被告人能够获得监护、帮教以及对所居住社区无重大不良影响的书面材料,提出对未成年被告人判处管制、缓刑等量刑建议。

第二百一十七条 开庭前和休庭时,辩护律师可以建议法庭安排未成年被告人与其法定代理人或者《刑事诉讼法》第二百七十条第一款规定的其他成年亲属、代表会见。

第二百一十八条 符合《刑事诉讼法》第二百七十五条规定的案件,辩护律师应当要求司法机关对相关犯罪记录予以封存。辩护律师复制的档案也应当封存。

　　第二百一十九条　办理未成年人刑事案件，除本节特别规定的以外，适用本规范的有关规定。

　　第二百二十条　被害人是未成年人的刑事案件，适用本章的有关规定。

第十三章　当事人和解的公诉案件的辩护和代理工作

　　第二百二十一条　律师办理符合《刑事诉讼法》第二百七十七条规定的公诉案件，可以建议当事人自行和解或向人民法院提出和解申请。

　　第二百二十二条　律师可以参与促成双方当事人和解。双方当事人自行和解的，可以协助其制作书面文件提交办案机关审查，或者提请办案机关主持制作和解协议书。

　　第二百二十三条　律师应当告知当事人，公诉案件的和解可以作为从宽处理的依据。

　　双方当事人在侦查、审查起诉期间达成和解的，辩护律师及代理律师可以提请办案机关向下一诉讼程序办案机关出具从宽处理建议书。

　　对于犯罪情节轻微的，辩护律师可以提请人民检察院作出不起诉决定。

　　第二百二十四条　律师参与当事人和解的公诉案件，对和解协议中的赔偿损失内容，双方当事人要求保密的，不得以任何方式公开。

第十四章　违法所得没收程序中的代理工作

　　第二百二十五条　在犯罪嫌疑人、被告人逃匿、死亡案件违法所得的没收程序中，律师可以接受犯罪嫌疑人、被告人的近亲属或其他利害关系人的委托担任诉讼代理人。

　　第二百二十六条　律师接受犯罪嫌疑人、被告人的近亲属委托的，应当协助其收集、整理、提交与犯罪嫌疑人、被告人关系的证明材料。

律师接受利害关系人委托的，应当协助其收集、整理、提交没收的财产系其所有的证据材料。

委托人在公告期满后申请参加诉讼的，律师应当协助其说明合理原因。

第二百二十七条 律师接受委托后，应当重点审查以下内容并提出相应的代理意见：

（一）犯罪嫌疑人、被告人是否实施了贪污贿赂犯罪、恐怖活动犯罪等重大犯罪后逃匿且在通缉一年后不能到案；

（二）犯罪嫌疑人、被告人是否死亡；

（三）是否属于依法应当追缴的违法所得及其他涉案财产；

（四）是否符合法律关于管辖的规定；

（五）违法所得及其他涉案财产的种类、数量、所在地及相关证据材料；

（六）查封、扣押、冻结违法所得及其他涉案财产的清单和相关法律手续；

（七）委托人是否在六个月公告期内提出申请等。

第二百二十八条 律师接受利害关系人委托的，可以依照《刑事诉讼法》第二百八十一条第三款的规定，要求人民法院开庭审理；律师接受犯罪嫌疑人、被告人近亲属委托的，可以申请人民法院开庭审理。

第二百二十九条 律师参加申请没收违法所得案件的开庭审理，在法庭主持下，按照下列程序进行：

（一）在检察员宣读申请书后，发表意见；

（二）对检察员出示的有关证据，发表质证意见，并可以出示相关证据；

（三）法庭辩论期间，在检察员发言后，发表代理意见并进行辩论。

第二百三十条 对没收违法所得的裁定，律师可以接受犯罪嫌疑人、被告人的近亲属和其他利害关系人的委托，自收到裁定书之日起五日内提出上诉。

第十五章 强制医疗程序中的代理工作

第二百三十一条 强制医疗案件，律师可以接受被申请人、被告人及其法定代理人、近亲属的委托担任诉讼代理人或接受法律援助机构的指派担任诉讼代理人。

第二百三十二条 律师接受委托后，应当重点审查以下内容并提出相应的代理意见：

（一）被申请人或者被告人是否实施了暴力行为，是否危害公共安全或者严重危害公民人身安全；

（二）被申请人或者被告人是否属于经法定程序鉴定依法不负刑事责任的精神病人；

（三）被申请人或者被告人是否有继续危害社会的可能等。

第二百三十三条 律师参加强制医疗案件的开庭审理，在法庭主持下，按照下列程序进行：

（一）在检察员宣读申请书后，发表意见；

（二）对检察员出示的有关证据，发表质证意见，并可以出示相关证据；

（三）法庭辩论期间，在检察员发言后，发表代理意见并进行辩论。

第二百三十四条 被决定强制医疗的人、被害人及其法定代理人、近亲属对强制医疗决定不服的，律师可以接受其委托，自收到决定书之日起五日内向上一级人民法院申请复议。

第二百三十五条 律师可以接受被强制医疗的人及其近亲属的委托，协助其向决定强制医疗的人民法院提出申请解除强制医疗。

提出申请的，应当提交对被强制医疗的人的诊断评估报告或申请人民法院调取。必要时，可以申请人民法院委托鉴定机构对被强制医疗的人进行鉴定。

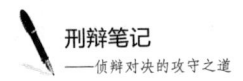

第十六章　申诉案件的代理工作

第二百三十六条　当事人及其法定代理人、近亲属对已经发生法律效力的判决、裁定不服的，律师可以接受委托代理其向人民法院或者人民检察院提出申诉。

第二百三十七条　律师认为申诉符合下列情形之一的，可以申请人民法院提起再审程序，也可以提请人民检察院抗诉：

（一）有新的证据证明原判决、裁定认定的事实确有错误，可能影响定罪量刑的；

（二）据以定罪量刑的证据不确实、不充分、依法应当排除的；

（三）证明案件事实的主要证据之间存在矛盾的；

（四）主要事实依据被依法变更或者撤销的；

（五）认定罪名错误的；

（六）量刑明显不当的；

（七）违反法律关于溯及力规定及其他适用法律错误的；

（八）违反法律规定的诉讼程序，可能影响公正裁判的；

（九）审判人员在审理该案件时有贪污受贿、徇私舞弊、枉法裁判行为的。

第二百三十八条　律师代理申诉案件，应当向原审终审人民法院提出申诉；

案件疑难、复杂、重大的，可以向终审人民法院的上一级人民法院提出申诉。

第二百三十九条　人民法院决定再审复查的，律师可以申请异地复查、查阅案卷、召开听证会，及时提出律师意见。

第二百四十条　律师办理再审案件，应当按照本规范相关程序的规定进行辩护或代理，但应当另行办理委托手续。

延伸：俯瞰对决，刑辩法规要览

第十七章　权利救济与执业纪律

第一节　权利救济

第二百四十一条　律师参与刑事诉讼，依照《刑事诉讼法》及《律师法》的规定，在职责范围内依法享有知情权、申请权、申诉权，以及会见、阅卷、收集证据和发问、质证、辩论等方面的执业权利。任何机关不得阻碍律师依法履行辩护、代理职责，不得侵害律师合法权利。

第二百四十二条　律师认为办案机关及其工作人员有下列阻碍其依法行使执业权利、诉讼权利行为之一的，可以向同级或者上一级人民检察院申诉或者控告：

（一）对律师提出的回避要求不予受理或者对不予回避决定不服的复议申请不予受理的；

（二）未依法告知犯罪嫌疑人、被告人有权委托辩护的；

（三）未转达在押的或者被监视居住的犯罪嫌疑人、被告人委托辩护人的要求的；

（四）应当通知而不通知法律援助机构为符合条件的犯罪嫌疑人、被告人或者被申请强制医疗的人指派律师提供辩护或者法律援助的；

（五）在规定时间内不受理、不答复辩护人提出的变更强制措施申请或者解除强制措施要求的；

（六）未依法告知辩护律师犯罪嫌疑人涉嫌的罪名和案件有关情况的；

（七）违法限制辩护律师同在押、被监视居住的犯罪嫌疑人、被告人会见和通信的；

（八）违法不允许辩护律师查阅、摘抄、复制本案的案卷材料的；

（九）违法限制辩护律师收集、核实有关证据材料的；

（十）没有正当理由不同意辩护律师提出的收集、调取证据或者通知证人出庭作证的申请，或者不答复、不说明理由的；

（十一）未依法提交证明犯罪嫌疑人、被告人无罪或者罪轻的证据材料的；

（十二）未依法听取律师的意见的；

（十三）未依法将开庭的时间、地点及时通知律师的；

（十四）未依法向律师及时送达案件的法律文书或者及时告知案件移送情况的；

（十五）阻碍律师在法庭审理过程中依法发问、举证、质证、发表辩护或代理意见及行使其他诉讼权利的；

（十六）其他阻碍律师依法行使诉讼权利的行为等。

第二百四十三条 庭审参加人员侵犯被告人的权利的，审判人员未按法律规定的程序、方式进行审理的，辩护律师可以向法庭指出并要求予以纠正，也可以向同级或者上一级人民检察院申诉、控告。

第二百四十四条 律师可以在庭审中对程序性问题提出意见或异议。法庭决定驳回的，律师可以当庭提出复议。经复议后律师应当尊重法庭决定。律师坚持认为法庭决定不当的，可以提请法庭将其意见详细记入法庭笔录，作为上诉理由。休庭后律师可以视违法情形向同级或者上一级人民检察院申诉、控告。

第二百四十五条 律师认为被训诫、被带出法庭理由不当的，可以向上级人民法院申诉，也可以向人民检察院工。

第二百四十六条 律师向人民检察院提出申诉或者控告后，可以要求人民检察院在十日以内将处理情况作出书面答复。逾期不答复的，可以向上级人民检察院申诉或者工。

第二百四十七条 律师认为办案机关及其工作人员阻碍其依法行使执业权利的，可以向其注册地的市级司法行政机关、所属的律师协会申请维护执业权利。情况紧急的，可以向事发地的司法行政机关、律师协会申请维护执业权利。事发地的司法行政机关、律师协会应当给予协助。

第二百四十八条 律师在执业过程中遇有以下情形，认为其执业权利受到侵犯的，可以向相关律师协会申请维护执业权利：

（一）知情权、申请权、申诉权，控告权，以及会见、通信、阅卷、收集证据和发问、质证、辩论、提出法律意见等合法执业权利受到限制、阻碍、侵害、剥夺的；

（二）受到侮辱、诽谤、威胁、报复、人身伤害的；

（三）在法庭审理过程中，被违反规定打断或者制止按程序发言的；

（四）被违反规定强行带出法庭的；

（五）被非法关押、扣留、拘禁或者以其他方式限制人身自由的；

（六）其他妨碍依法履行辩护、代理职责，侵犯执业权利的。

第二百四十九条 律师认为办案机关及其工作人员明显违反法律规定，阻碍律师依法履行辩护、代理职责，侵犯律师执业权利的，可以向办案机关或者其上一级机关投诉；向同级或者上一级人民检察院申诉、控告；向注册地的市级司法行政机关、所属的律师协会申请维护执业权利。律师向事发地司法行政机关、律师协会提出申请的，相关司法行政机关、律师协会应当予以接待，并于二十四小时以内将其申请移交注册地的市级司法行政机关、所属律师协会。情况紧急的，应当即时移交。

第二节 执业纪律

第二百五十条 律师与办案机关及其工作人员接触交往，应当遵守法律及相关规定。

不得违反规定会见办案机关工作人员，向其行贿、许诺提供利益、介绍贿赂，指使、诱导当事人行贿，或者向其打探办案机关内部对案件的办理意见，承办其介绍的案件，利用与其的特殊关系，影响依法办理案件。

第二百五十一条 律师承办业务，应当引导当事人通过合法的途径、方式解决争议。

不得采取煽动、教唆和组织当事人或者其他人员到司法机关或者其他国家机关静坐、举牌、打横幅、喊口号、声援、围观等扰乱公共秩序、危害公共安全的非法手段,聚众滋事,制造影响,向有关部门施加压力。

第二百五十二条 律师应当依照法定程序履行职责,不得以下列不正当方式影响依法办理案件:

(一)未经当事人委托或者法律援助机构指派,以律师名义为当事人提供法律服务、介入案件,干扰依法办理案件;

(二)对本人或者其他律师正在办理的案件进行歪曲、有误导性的宣传和评论,恶意炒作案件;

(三)以串联组团、联署签名、发表公开信、组织网上聚集、声援等方式或者借个案研讨之名,制造舆论压力,攻击、诋毁司法机关和司法制度;

(四)违反规定披露、散布不公开审理案件的信息、材料,或者本人、其他律师在办案过程中获悉的有关案件重要信息、证据材料。

第二百五十三条 律师参与诉讼活动,应当遵守法庭纪律和相关规定,不得有下列妨碍、干扰诉讼活动正常进行的行为:

(一)无正当理由,拒不按照人民法院通知出庭参与诉讼,或者违反法庭规则,擅自退庭;

(二)聚众哄闹、冲击法庭,侮辱、诽谤、威胁、殴打司法工作人员或者诉讼参与人,或者有其他严重扰乱法庭秩序的行为;

(三)故意向司法机关提供虚假证据或者威胁、利诱他人提供虚假证据,妨碍对方当事人合法取得证据;

(四)法律规定的妨碍、干扰诉讼活动正常进行的其他行为。

第二百五十四条 律师应当按照有关规定接受业务,不得为争揽业务哄骗、唆使当事人提起诉讼,制造、扩大矛盾,影响社会稳定。

第二百五十五条 律师应当尊重同行,公平竞争。不得以诋毁其他律师事务所、律师;支付介绍费;向当事人明示或者暗示与办案机关、政府部门及其工作人员有特殊关系;或者在司法机关、监管场所周边违规设立办公场所、散发广告、举牌等不正当手段承揽业务。

第二百五十六条 律师对在执业活动中知悉的委托人和其他人不愿泄露的有关情况和信息,应当予以保密。

第二百五十七条 律师当庭陈述意见应当尊重法庭,以理服人,尊重其他诉讼参与人。不得侮辱、诽谤、威胁他人,不得发表与案件无关的意见,不得发表严重扰乱法庭秩序的言论。

第二百五十八条 律师对案件公开发表言论,应当依法、客观、公正、审慎。

第二百五十九条 律师办理刑事案件应当遵守本规范的规定,违反执业纪律的相关内容,由其注册地司法行政机关或律师协会按《律师法》、《律师执业管理办法》及《律师协会会员违规行为处分规则(试行)》进行行政处罚或行业处分。

第十八章 附 则

第二百六十条 本规范适用于全国律师承办刑事辩护与代理业务。对本规范理解与适用有争议的,由中华全国律师协会负责解释。

第二百六十一条 本规范经第九届中华全国律师协会常务理事会第八次全体会议审议通过,自 2017 年 8 月 27 日起施行。2000 年中华全国律师协会修订发布的《律师办理刑事案件规范》同时废止。

知己知彼:《人民检察院刑事诉讼规则》

1998 年 12 月 16 日,最高人民检察院第九届检察委员会第二十一次会议通过了《人民检察院刑事诉讼规则》,1999 年 1 月 18 日起施行。该规则共 468 条,5 万余字,是人民检察院办理刑事案件的重要依据。刑事辩护律师自当认真学习,了然于胸,方可在提供法律服务过程中有所作为。(全文略)

侦辩监督:《关于依法保障律师执业权利的规定》

2014 年 12 月 23 日最高人民检察院印发的《关于依法保障律师

执业权利的规定》，是一个重要的保障律师执业权利的规范性文件，有利于侦辩监督，确保司法公正。

最高人民检察院关于依法保障律师执业权利的规定

第一条 为了切实保障律师依法行使执业权利，严肃检察人员违法行使职权行为的责任追究，促进人民检察院规范司法，维护司法公正，根据《中华人民共和国刑事诉讼法》《中华人民共和国民事诉讼法》《中华人民共和国行政诉讼法》和《中华人民共和国律师法》等有关法律规定，结合工作实际，制定本规定。

第二条 各级人民检察院和全体检察人员应当充分认识律师在法治建设中的重要作用，认真贯彻落实各项法律规定，尊重和支持律师依法履行职责，依法为当事人委托律师和律师履职提供相关协助和便利，切实保障律师依法行使执业权利，共同维护国家法律统一、正确实施，维护社会公平正义。

第三条 人民检察院应当依法保障当事人委托权的行使。人民检察院在办理案件中应当依法告知当事人有权委托辩护人、诉讼代理人。对于在押或者被指定居所监视居住的犯罪嫌疑人提出委托辩护人要求的，人民检察院应当及时转达其要求。犯罪嫌疑人的监护人、近亲属代为委托辩护律师的，应当由犯罪嫌疑人确认委托关系。

人民检察院应当及时查验接受委托的律师是否具有辩护资格，发现有不得担任辩护人情形的，应当及时告知当事人、律师或者律师事务所解除委托关系。

第四条 人民检察院应当依法保障当事人获得法律援助的权利。对于符合法律援助情形而没有委托辩护人或者诉讼代理人的，人民检察院应当及时告知当事人有权申请法律援助，并依照相关规定向法律援助机构转交申请材料。人民检察院发现犯罪嫌疑人属于法定通知辩护情形的，应当及时通知法律援助机构指派律师为其提供辩护，对于犯罪嫌疑人拒绝法律援助的，应当查明原因，依照相关规定处理。

第五条 人民检察院应当依法保障律师在刑事诉讼中的会见权。

人民检察院办理直接受理立案侦查案件,除特别重大贿赂犯罪案件外,其他案件依法不需要经许可会见。律师在侦查阶段提出会见特别重大贿赂案件犯罪嫌疑人的,人民检察院应当严格按照法律和相关规定及时审查决定是否许可,并在三日以内答复;有碍侦查的情形消失后,应当通知律师,可以不经许可会见犯罪嫌疑人;侦查终结前,应当许可律师会见犯罪嫌疑人。人民检察院在会见时不得派员在场,不得通过任何方式监听律师会见的谈话内容。

第六条 人民检察院应当依法保障律师的阅卷权。自案件移送审查起诉之日起,人民检察院应当允许辩护律师查阅、摘抄、复制本案的案卷材料;经人民检察院许可,诉讼代理人也可以查阅、摘抄、复制本案的案卷材料。人民检察院应当及时受理并安排律师阅卷,无法及时安排的,应当向律师说明并安排其在三个工作日以内阅卷。人民检察院应当依照检务公开的相关规定,完善互联网等律师服务平台,并配备必要的速拍、复印、刻录等设施,为律师阅卷提供尽可能的便利。律师查阅、摘抄、复制案卷材料应当在人民检察院设置的专门场所进行。必要时,人民检察院可以派员在场协助。

第七条 人民检察院应当依法保障律师在刑事诉讼中的申请收集、调取证据权。律师收集到有关犯罪嫌疑人不在犯罪现场、未达到刑事责任年龄、属于依法不负刑事责任的精神病人的证据,告知人民检察院的,人民检察院相关办案部门应当及时进行审查。

案件移送审查逮捕或者审查起诉后,律师依据刑事诉讼法第三十九条申请人民检察院调取侦查部门收集但未提交的证明犯罪嫌疑人无罪或者罪轻的证据材料的,人民检察院应当及时进行审查,决定是否调取。经审查,认为律师申请调取的证据未收集或者与案件事实没有联系决定不予调取的,人民检察院应当向律师说明理由。人民检察院决定调取后,侦查机关移送相关证据材料的,人民检察院应当在三日以内告知律师。

案件移送审查起诉后,律师依据刑事诉讼法第四十一条第一款的规定申请人民检察院收集、调取证据,人民检察院认为需要收集、调取证据的,应当决定收集、调取并制作笔录附卷;决定不予收集、调取的，应当书面说明理由。人民检察院根据律师的申请收集、调取证据时，律师可以在场。

律师向被害人或者其近亲属、被害人提供的证人收集与本案有关的材料，向人民检察院提出申请的，人民检察院应当在七日以内作出是否许可的决定。人民检察院没有许可的，应当书面说明理由。

第八条 人民检察院应当依法保障律师在诉讼中提出意见的权利。人民检察院应当主动听取并高度重视律师意见。法律未作规定但律师要求听取意见的，也应当及时安排听取。听取律师意见应当制作笔录，律师提出的书面意见应当附卷。对于律师提出不构成犯罪，罪轻或者减轻、免除刑事责任，无社会危险性，不适宜羁押，侦查活动有违法情形等书面意见的，办案人员必须进行审查，在相关工作文书中叙明律师提出的意见并说明是否采纳的情况和理由。

第九条 人民检察院应当依法保障律师在刑事诉讼中的知情权。律师在侦查期间向人民检察院了解犯罪嫌疑人涉嫌的罪名以及当时已查明的涉嫌犯罪的主要事实，犯罪嫌疑人被采取、变更、解除强制措施等情况的，人民检察院应当依法及时告知。办理直接受理立案侦查案件报请上一级人民检察院审查逮捕时，人民检察院应当将报请情况告知律师。案件侦查终结移送审查起诉时，人民检察院应当将案件移送情况告知律师。

第十条 人民检察院应当依法保障律师在民事、行政诉讼中的代理权。在民事行政检察工作中，当事人委托律师代理的，人民检察院应当尊重律师的权利，依法听取律师意见，认真审查律师提交的证据材料。律师根据当事人的委托要求参加人民检察院案件听证的，人民检察院应当允许。

第十一条 人民检察院应当切实履行对妨碍律师依法执业的法律监督职责。律师根据刑事诉讼法第四十七条的规定，认为公安机关、人民检察院、人民法院及其工作人员阻碍其依法行使诉讼权利，向同级或者上一级人民检察院申诉或者控告的，接受申诉或者控告的人民检察院控告检察部门应当在受理后十日以内进行审查，情况属实的，通知有关机关或者本院有关部门、下级人民检察院予以纠正,并将处理情况书面答复律师;情况不属实的,应当将办理情况书面答复律师,并做好说明解释工作。人民检察院在办案过程中发现有阻碍律师依法行使诉讼权利行为的,应当依法提出纠正意见。

第十二条 建立完善检察机关办案部门和检察人员违法行使职权行为记录、通报和责任追究制度。对检察机关办案部门或者检察人员在诉讼活动中阻碍律师依法行使会见权、阅卷权等诉讼权利的申诉或者控告,接受申诉或者控告的人民检察院控告检察部门应当立即进行调查核实,情节较轻的,应当提出纠正意见;具有违反规定扩大经许可会见案件的范围、不按规定时间答复是否许可会见等严重情节的,应当发出纠正通知书。通知后仍不纠正或者屡纠屡犯的,应当向纪检监察部门通报并报告检察长,由纪检监察部门依照有关规定调查处理,相关责任人构成违纪的给予纪律处分,并记入执法档案,予以通报。

第十三条 人民检察院应当主动加强与司法行政机关、律师协会和广大律师的工作联系,通过业务研讨、情况通报、交流会商、定期听取意见等形式,分析律师依法行使执业权利中存在的问题,共同研究解决办法,共同提高业务素质。

第十四条 本规定自发布之日(注:2014年12月23日印发)起施行。2004年2月10日最高人民检察院发布的《关于人民检察院保障律师在刑事诉讼中依法执业的规定》、2006年2月23日最高人民检察院发布的《关于进一步加强律师执业权利保障工作的通知》同时废止。最高人民检察院以前发布的有关规定与本规定不一致的,以本规定为准。

后记：刑辩有力，辩出人间正道

这是一个真实的刑辩故事，且刚刚发生。

以律师的视角，讲述真实的故事，是想通过活生生的身边人、身边事儿，让人们感受刑辩律师的风险和不易，认识检察机关内部监督审查的重要，体会党委政府对当地企业的关爱，看到国家最高检察机关维护大局和捍卫公正的决心。

尽管这起"贪污"及其相关案件的诉讼程序已终结，法律文书已公开，但念及司法机关形象，书中对这些机关和人员还是采用了代号、化名，以最大限度地消除影响。本书用意明了，对事不对人，切勿对号入座。

这是一个典型的侦辩对决案例。侦查部门分别使用了"声东击西""离间计""擒贼先擒王""敲山震虎""迂回包抄"等技战法，辩护律师则巧妙地运用"单刀直入""将计就计""釜底抽薪""以退为进""重兵出击"等策略予以化解。文中时而身处绝境，时而峰回路转，时而乌云密布，时而阳光初现。刀光剑影，纵横驰骋，情节跌宕，耐人寻味。

侦辩对决是法律赋予双方的权利。正义的回归，是辩护律师孜孜以求的结果。在这个专业性极强的刑事辩护中，律师不仅要有智慧勇气，而且要有扎扎实实的包括法律在内的多学科知识以及学习

后记：刑辩有力，辩出人间正道

研究能力。如果没有律师的参与，与公权力角逐的结果是不敢想象的。

当然，侦查阶段律师辩护的成功取决于侦监、公诉部门的认可。在保证案件质量方面，侦查监督和起诉审查是至关重要的。为此，要感谢侦监、公诉人员的务实作风和辛勤工作。主管检察长的大局意识、专业素养和人格魅力，让人由衷敬佩，也让我们对司法公正充满信心。

在惩治违法、纠正错案方面，最高人民检察院是值得感谢、感激和感恩的。他们雷霆般的行动，使违法得以纠正，冤屈者获得新生。他们是善良民众的忠诚卫士，是我国繁荣昌盛的坚强基石！

法院是司法公正的最后一道防线。在本案涉及的相关案件审判中，法官们以其对法律的精彩解读，实质性阻却了侦查人员的一意孤行，使得这些案件有了一个较好的结果。虽不尽完美，但在当前的法治环境下，亦属难能可贵，毕竟人的自由是第一位的。为此，要感谢他们。

这是一场大规模的人权保卫战！由国际通缉的"贪污"大案引发，涉及多人多个罪名，市级检察院亲自指导三个基层检察院进行侦控。与此对应，京豫两地8家律师事务所先后指派了近20名律师在不同时间、不同地点参加了不同案件、不同阶段的辩护工作。一滴水是渺小的，大海才能形成波浪。正是这些律师们坚持正义和前仆后继，蒙冤者才一个个走出了电网高墙，摆脱了耻辱的牢狱生活。看到那些历经磨难的柔弱身躯，听到那些大病初愈的惨淡笑声，我无语，但必须向所有刑辩律师致敬！

律师辩护责任重大，风险重重，道路曲折漫长。律师应当崇尚法治、善思好学、阳光正派、智慧勇敢。唯如此，方能自保；唯如此，方可救人。我心向往之，并执着前行。愿与同仁同道共勉。

人生在世，命运无常。钱也罢，权也罢，在强大的国家机器面前都是微不足道的。当"假案"出现，公权肆虐的时候，只有律师，或许才能真正拉你一把；只有律师，或许才是你唯一的救命稻草。

传说中有一种荆棘鸟，它的毕生愿望就是寻找一棵荆棘。当它找到后便开始歌唱，然后将喉咙扎进荆棘吐血而死。它的歌声比夜莺还美，这种刚烈的鸟儿用其一生的追求换来一次尽情歌唱的瞬间欢愉。

生命不息，追求不止。我想这正是生命本身的意义，辩护律师何尝不是如此呢？

一首诗，权作本书的结语吧。"满纸荒唐言，一把辛酸泪。都云作者痴，谁解其中味？"

刘建民谨识

2017 年 11 月 12 日一稿

2017 年 12 月 30 日二稿

再记：五十回首，俺这二十八年

今天是 2017 年 11 月 16 日，农历九月二十八，我已到知天命之年。

在 50 年的日子里，孩童时代和求学经历共有 22 年。之后，干了两件事儿：一是当过法官，1989~2003 年，共计 14 年；二是做了律师，2005~2017 年。如果加上法官离职后的两年禁业时间，也是 14 年。二十八年呀，弹指一挥间。

1989 年，刚好从政法学院毕业，4 年在武汉。国家号召是必须响应的，我便乘车一路北上，就职于豫北一个基层法院。在注重调解的民诉法试行期间，办案效率普遍不高，生活却悠闲。1991 年民诉法修订后，法科学生的工作优势得到了充分发挥，能调则调，调不成则判。办案多且工作热情高，得到领导器重，我很快被任命为经济审判第二庭副庭长，算是不小的官。在提倡审判经济效益的背景下，敢说敢干，自然名利双收，新任院长委任我为研究室组建负责人，再次晋升提前。部门工作得到省院表彰，距离新官上任还不到一年时间。29 岁那年，我被调任院办主任，相当于大内总管。在此后的日子里，上下协调顺畅，工作得心应手，便有了学习的精力和时间。1998 年赴北京兼职攻读刑法学，2001 年取得法学硕士学位后凯旋。同年参加焦作市副县级干部全国公开选拔，笔试面试综合成绩第一，但命不该如此，最终落选。获得消息是在法院领导班子调整之后，西瓜跑了，芝麻也丢了。风雨匆匆过，彩虹依旧铺满天。

法官经历值得回味，令人留恋。四任院长的殷切教诲和百余名干警的鼎力相助，使我思想进步，政治成熟，进入决策层和领导圈。南湖岸边练就的法理功力和蓟门桥下三年的苦读修炼，让我精于业务，胸怀全局，可以成功把控各类疑难案件。四次立功受奖和岗位快速晋升，是对我工作的赞许和肯定，实属幸运至极，喜事连连。至于34岁那年冲刺县级岗位，败，不足惜；成，则惊天。一个农家子弟，已经平步青云，岂敢再讲遗憾？

转行做律师，那是多年的夙愿。一则有机会读博深造；二则性情使然。为此，早在1993年便考取了资格，日常也强化了技能训练。法官经历真是财富，不同的角色定位有利于思维扩散和准确判断。在法官离职后禁业的两年，虽未参加代理和辩护，但仅凭顾问一职，亦可精神愉悦，已是腰缠万贯。

禁业期满，我正式进入律师行业，严格遵守着执业规范。先是入职京都所，师从"中国刑辩第一人"田文昌律师，聆听大师教诲，感悟大师风范。后转入鑫诺所，很快进入合伙人序列，参与律所管理和团队组建。

这些年，政府行政事务一直是我服务的重点。历届书记市长极为看好，平等交流，促膝长谈。先后担任过二十余家企业（单位）法律顾问，从细节点滴做起，有效防控了各类风险。办理的民商案件大多是超千万、上亿元，全胜诉，无败绩，凭借的是工作扎实，考虑周全。中央奖励资金申报、煤矿综采设备采购、公司重大收购兼并、政府招商引资谈判等非诉项目，虽历经波折，但均获成功，受称赞。刑事案件顽强执着，不惧强权，曾奔赴河南洛阳、濮阳，山东德州、济南，也曾南下广东深圳、珠海，西至山西晋城、壶关，北上辽宁沈阳、大连，救人于水火，出牢狱，重见天。最为自豪的是，还有5起被刑事追责的公职人员，艰难辩护后，职务保留，薪金照发，生活依旧，全家尽开颜。

这些年，读书从未停止，学习不敢怠慢，常常伏案闻鸡鸣，青

再记：五十回首，俺这二十八年

灯伴黄卷。各类专业论著始终放在车上、床头、桌案边，细嚼慢咽。举办专题讲座20余次，发表论文50余篇，还出版了专著一本，40万字，成为法科学生的教辅资料，也算是说法论道，指点江山。

28年未虚度，谢父母，谢师长，谢朋友，谢苍天。

50岁啦，岁月沧桑，青春渐远。执着奋进凭信念，无暇财富万万千。法治中国理想在，何惧山高路遥远？雾霾散尽日，一片艳阳天！

刘建民
公历2017年11月16日
农历丁酉年九月二十八日

三记：死磕无妨，磕出法治中国

本案的成功辩护，自然受到了很多赞誉。当然，也有同事善意地问我，是不是"死磕"的效果？我笑了笑，没有回答。

"死磕"，是指"死磕"式辩护。在刑事辩护中，针对办案机关在程序上的违法行为，以较真的态度和方式所采取的针锋相对的抗争，多表现为审辩冲突。这种辩护风格的律师，被称为"死磕"派律师。

早在2013年，律师界曾展开了"死磕派律师是磕坏了法治中国，还是磕出了法治中国"的大讨论。一时间，众说纷纭。有褒，有贬，有肯定，也有担忧。

官方人士提出"政府应主动团结这些律师群体，让他们成为决策的参谋之一"，同时也提醒："切忌私下小范围形成与政府对立的意见和行动，将自己划到政府的对立面"。专家学者觉得"死磕"派律师"不像律师"，但"律师不像律师首先是因为法官不像法官"，明确表示出对当前执法环境的无奈。同时"不可否认死磕派律师以一种自我牺牲的方式推动法治进步"，对其精神给予了赞许。

"死磕派律师"有两个原则，即只磕公权力不磕私权利，只磕程序不磕实体。律师界对其行为方式进行了总结：一是法条较真；二是网络揭露；三是投诉控告；四是行为艺术。

三记：死磕无妨，嗑出法治中国

我不认为我是"死磕派"。本案辩护属于侦查阶段的辩护，相关证据材料未公开，"死磕派律师"的所谓行为方式是无法实施的。在整个辩护过程中，律师没有超越法度，严格执行案件保密规定和律师执业规范，始终将案件纠错的希望寄托于侦查机关内部，苦口婆心，费尽周折。

我理解的"死磕"是据理力争，执着坚持。法律必须得到尊重，错误必须予以纠正。刑事辩护需要"死磕"，需要无所畏惧，义无反顾。

"死磕"可以磕掉司法者的瑕疵和过失，磕出程序公正。

"死磕"可以磕掉违法者的尊严和体面，磕出蒙冤者的自由。

"死磕"可以磕掉司法机关的陋习，磕出对公民基本人权的尊重。

"死磕"可以磕掉司法体制的弊端，磕出法治改革的一片蓝天。

本案的特殊性在于，辩护律师的执着坚持和善意提醒，并没有唤醒司法者的良知，从而使案件得到及时纠正。恰恰相反，他们变本加厉，错上加错，甚至将矛盾直接指向了辩护律师，警告、跟踪、窃听、驱逐，并以刑事立案相威胁。侦查人员对常识性错误的固执己见和行为上的一意孤行，显然已经不是认识层面的问题了。同为法律人，一加一等于二是不存在争议的。直到此时，整个事件的性质已经发生了根本性变化。实践证明，这是一场职业法律人之间的较量，是正义与邪恶的战斗。

司法是行使公权力的活动。一旦私利成为司法活动的原始动力，那么，侦查结果注定是灾难性的，辩护过程也将异常艰难。

没有约束的公权力必然导致疯狂。在本案辩护过程中，我们看到更多的是侦查人员的强势、高傲和肆无忌惮，听到更多的是侦查人员的谩骂、训斥和歇斯底里。人性中的友善和理智彻底泯灭，凶残和野性全面爆发。公权力犹如一头发疯的斗牛，冲出围栏，直奔万丈深渊而去……

人在做，天在看。

"天欲其亡，必令其狂"。这是千年经典《老子》的智慧，也是世间万物之大道也。

民意不可违，公理不容欺。在法治社会的构建中，律师应当冲锋在前，成为忠诚、正直、智慧、勇敢的人！

苍天在上，大地为证。如果这也归类为"死磕派"，那么，"死磕"又有何妨？我相信，任何一个有正义感的律师都会"死磕"到底，替天行道，安抚民众，磕出个案的公平正义，磕出一个自由祥和的法治中国！

刘建民
2017 年 12 月 31 日北京

致谢：点赞团队，祝福百姓平安

  刘建民律师团队，北京市鑫诺律师事务所
  靳万保律师团队，河南佑祥律师事务所
  范玉顺律师团队，上海锦天城（郑州）律师事务所

  这是一支英雄的综合团队。作为召集人，我要由衷地致谢点赞！在这个团队中，无论是单兵素质，还是协同意识，堪称完美经典。不管是战略，还是技巧，天衣无缝，无可责难。

  这是一场跨区域的联合作战。京豫律师走到一起，刑辩和民商各专业鼎力配合，团队才打出了一系列漂亮的组合拳。律所主任（执行合伙人）们坐镇指挥，优化方案；专家顾问研究论证，教导指点；行政人员粮草备足，服务优先；律师同仁秣马厉兵，随时准备冲上前。

  这是一个"惊天大案"。成功的辩护让客观事实还原，委托人不再蒙冤。它改变了一个地市级检察院的历史，自行纠错，撤销案件。它打破了一个怪圈，违法侦查应当休矣，办理案件不能铤而走险。它揭示了实行多年的自行侦查制度的弊端，为国家监察制度改革摇旗呐喊。它体现了最高法律监督机关捍卫法制的决心，侦控要分离，公权制衡机制才能变得日常和规范。

  这是一次律师形象的大展示。处处态度虔诚，时时以理服人，

永远无悔无怨。面对离间、警告和驱逐,不对抗,不树敌,始终保持理性,一往无前。终于赢得了人民检察院的肯定,得到了当地党政领导和各界志士仁人的称赞,也让民众为之惊艳:这就是律师!一群高素质的职业法律人,共和国不可或缺的法治力量。他们前仆后继,义无反顾,为的是自由、平等和人权。

又该启程了!辩护、辩护、辩护,不让百姓有冤屈,一生永平安。